浙江省社科规划课题成果（课题编号：14NDJC031YB）

农村社会养老金
替代率水平及调整研究

项洁雯 著

ZHEJIANG UNIVERSITY PRESS
浙江大学出版社

图书在版编目(CIP)数据

农村社会养老金替代率水平及调整研究 / 项洁雯著. —
杭州：浙江大学出版社，2021.11
　　ISBN 978-7-308-21174-1

　　Ⅰ.①农… Ⅱ.①项… Ⅲ.①农村－养老保险制度－
研究－中国　Ⅳ.①F842.67

　　中国版本图书馆 CIP 数据核字(2021)第 044544 号

农村社会养老金替代率水平及调整研究

项洁雯　著

责任编辑	伍秀芳(wxfwt@zju.edu.cn)
责任校对	林汉枫
封面设计	周　灵
出版发行	浙江大学出版社
	(杭州市天目山路 148 号　邮政编码 310007)
	(网址:http://www.zjupress.com)
排　版	浙江时代出版服务有限公司
印　刷	广东虎彩云印刷有限公司绍兴分公司
开　本	710mm×1000mm　1/16
印　张	13
字　数	199 千
版 印 次	2021 年 11 月第 1 版　2021 年 11 月第 1 次印刷
书　号	ISBN 978-7-308-21174-1
定　价	68.00 元

前　言

在统筹城乡发展的视角下,我国农村的社会养老保障水平仍然是需要关注的重点。养老金替代率是衡量养老保障水平的相对指标,不仅能够在不同经济发展水平下进行跨期比较,而且可以据此对社会养老金水平进行动态调整,切实发挥社会养老保险制度的保障作用。本书立足农村社会养老金替代率,在"个人—家庭—政府"的不同责任分担机制下,主要从需求和供给两方面,研究农村社会养老保险支柱的适度保障水平,并把相应的目标替代率作为我国农村社会养老金替代率调整的依据和目标,设立合理的调整机制,完善城乡居民社会养老保险制度。

本书主要分为七部分。第 1 章为绪论,提出问题,并阐明本研究的意义。第 2 章,基于农村社会养老保险制度和农村养老金水平及替代率的理论研究和文献综述,探讨养老金替代率的相关概念和研究方法等。第 3 章,以城乡居民社会养老保险制度的前身之一——新农保制度为例,简述基础养老金替代率和个人账户养老金替代率等,分析我国农村社会养老金替代率现状。第 4 和 5 章,分别从需求条件和供给条件出发,结合收入、消费支出、人口数量、预期寿命、收益率等参数,构建在多重目标约束值下的社会养老金替代率的影响因素交叉作用理论模型。从影响农村社会养老金替代率的多种因素中,提炼出主要因素,构建中国农村养老金替代率指标体系,并测算适度需求水平和供给水平。第 6 章,在城乡居保制度的框架下,结合农村人口老龄化、城镇化发展和经济发展等趋势,在不同的农村养老金水平下,动态仿真 2020—2050 年农民个人、各级政府财政的负担变化关系。第 7 章,进行总结,并在统筹城乡发展的视角下,为完善城乡居民社会养老保险制度提出政策建议。

本书所做的创新性探索主要体现在以下三方面：

（1）理论的创新应用。从经济社会的现实承受能力和"个人—家庭—社会"责任分担视角，依据收入分配理论、生存公平理论、福利经济学理论以及精算收支平衡等，用养老金替代率相对指标来分析研究统筹城乡发展视角下的农村社会养老金水平及其动态变化，有利于进一步充实社会保障领域关于在不同的经济社会发展水平下"适度社会养老金水平"的定性和定量研究，并集合了多种理论的创新性运用。

（2）方法创新。本书突破局限于某一视角的研究方法，结合定性分析和定量分析方法，融合多学科方法，在传统方法的基础上创造性地把精算模型、多因素分析方法、扩展线性支出系统模型、灰色微分模型、逆向系统仿真技术以及生命表等运用在社会养老保险制度的最佳目标模式、动态时序模式和基金评测上，进行路径选择和政策仿真，集系统性、交叉性的研究于一体，实现研究方法和研究工具的创新。

（3）制度创新。从实际价值上看，本书尝试分析目标替代率和平均替代率等，以农村社会养老保险支柱为核心，在统筹城乡发展的视角下，界定与地区的人口、经济和社会相适应的、适度的、动态发展的农村养老金替代率水平，力图破除社会养老金水平的城乡差异，完善城乡养老保险制度，具有制度创新意义。

目　录

1.2　本书的研究意义

本书研究的理论价值在于：用养老金替代率相对指标来分析研究统筹城乡发展视角下的农村社会养老金水平，可进一步充实社会保障领域关于在不同的经济社会发展水平下"适度社会养老金水平"的定性和定量研究，有利于社会保障制度发展更趋向公平正义的目标。

本书的实际应用价值在于：通过分析新农保制度框架下的基础养老金替代率和个人账户养老金替代率的动态发展水平，以及待遇水平和农民个人缴费、各级政府财政的负担变化关系，既让农村社会养老金水平能够满足农民的基本生活需求，又不超出农民的缴费能力和政府财政负担能力，有助于完善城乡居保制度，应对农村人口老龄化风险，缓减老年贫困，缩小城乡、群体和区域差距，促进城乡一体化发展。

2 农村养老保险制度和养老金替代率研究综述

2.1 养老保险制度一般理论及其发展

由于养老金替代率在养老保险制度中的重要作用,因此首先有必要对养老保险制度的理论及其发展进行梳理。

2.1.1 养老保险制度相关理论

从养老保险制度的发生和发展来看,理论的发展总是与实践的演变相辅相成。其间,由于养老保险制度安排的多样性,在理论上也表现出百家争鸣的情况,主要有马克思列宁有关国家保险的思想、福利经济学(包括德国新历史学派、英国费边主义者的福利国家理论、庇古的福利经济学)、政治经济学派(包括社会民主论、新马克思主义论、新工业主义论、新多元主义论和国家中心论)、新古典经济学派等。对此大多数学者都认同养老保险理论受到多种理论的影响,并具有多元性的价值偏好,涉及政府、市场和个人的关系、公平和效率、经济增长、劳动力配置、贫困等问题(李珍,2005;杨翠迎和米红,2007)。以下就这些学派的一些紧密相关理论作简要的介绍。

(1)公共干预的基本原理。公共干预是理性的,由于短视行为的存在,金融产品的供给不足,对市场监管和政府保护的需求,对收入分配公平性的要求以及对社会团结的要求等,因此,公共干预需要平衡潜在的扭曲效应,以避免其偏离风险统筹管理和收入再分配的目标(Diamond,2003)。但是,必须在一个生命周期的范畴内看待再分配的影响。只有这样,不完全的市场和可衡量的收入才能够提供一个勉强的比较手段,以此衡量公共干预的再分配效应(Holzmann,1990)。

(2)社会风险理论。养老保险制度从本质上是应对和管理老龄化风险的一个方式,其目的是为无力或无意从事经济活动的老年人口和社会整体创造一种消费的维持能力(Holzmann and Hinz,2005)。

(3)最优再分配和风险分摊理论。养老保险的建立是为了解决老年人口的贫困问题。由于自由市场产生的收入分配结果可能会造成老年人口的贫困,那么引入公共养老保险体系就是一个解决老年贫困问题的最优政策。Mirrless(1971)认为养老保险体系是社会福利函数最大化的结果,正是养老保险体系的收入再分配功能确保了整个社会的福利最大。由于其中存在搭便车的问题,所以需要由政府强制实施。Pampel and Williamson(1989)认为政府需要加强代际收入再分配的力度。Merton(1983)则从另一个角度解释了福利,将养老保险体系解释为一种最优风险分摊机制,使得人们的养老金同其一生的劳动收入直接正相关。

(4)人力资本溢出理论。Sala-I-Martin(1996)认为养老保险体系之所以被设计成诱致退休的模式,是因为在超过一定的年龄后,人力资本会随着年龄的上升而不断折旧,老年人退休可以使更有生产效率的年轻人进入工作岗位,提高整个经济的效率。也就是说,由年轻人向老年人支付一定的养老金以交换老年人的工作岗位,并提高社会平均人力资本存量的水平,是一项帕累托改进的措施。

(5)凯恩斯主义的需求管理理论。1936年,凯恩斯提出了有效需求不足理论以及相应的国家干预思想。他认为,具有再分配功能的社会保障体系是国家干预国民收入、降低国民储蓄、提高有效需求的一项重要的公共政策安排。Sargent(1998)指出,养老保险体系的建立是为了在总需求不足时减少储蓄,刺激消费。

诸多学者对其他一些相关理论,如人力资本投资回报、管理成本优势、退休保险理论等,在养老保险制度领域内进行了深入研究。而养老金替代率作为其中的重要指标,在不同的理论框架和假设前提下,具体的范畴和应用也会有所区别。

2.1.2　养老保险制度相关模式

在构建养老保险制度构建的过程中,依据不同的理论,可以有多种模式。美国经济学家 Feldstein and Leibman(2002)给出了区分养老保险体系的两大标准:第一个标准为养老保险的待遇计发方式是确定给付制(Defined Benefit)还是确定缴费制(Defined Contribution)的;第二个标准为养老保险基金的循环方式是基金制(基于资产积累)还是非基金制(即现收现付制)的。其他就养老金的来源、结构安排以及引起的经济效应的区别等还可以划分为社会保险模式、普遍养老模式(Universal Programs)、储蓄金制或公积金制(National Provident Fund)、社会救助模式等。以下就目前专家学者所关注的多支柱模式和基金制进行简单的综述。

(1)多支柱模式。从风险管理的效率原则看,应该通过制度要素(或资产)的多元化来实现与风险相关的预期收益的最优化。在养老金制度中,它体现在多支柱制度的潜在优势之中,因为多支柱体系是由若干特征不同的要素构成,互相补充,可以获得理想的个人和社会利益,同时又将相关风险最小化(Holzmann, 1999; Lindbeck and Persson, 2003; Slavov and Shoven, 2003; Shiller,2003)。实际上,现实应用中,很多国家建立起了多层次、混合型的养老保险制度,除了强制性的社会养老保险制度安排之外,还有自愿性的职业年金计划和个人储蓄年金计划。

(2)基金制。与现收现付制有着实质上的区别,现收现付制通过代际的转移支付来支撑养老保险体系的运转,而基金制则通过个人强制储蓄的形式来支持养老保险体系的运行。从基本特征分析,基金制几乎不存在任何收入再分配的功能,人们缴纳的养老保险贡献被用来分散投资于股票、债券等金融产品,从而可以通过在资本市场的投资获得回报,其报酬率与现收现付制不同,但运营成本和风险很高。相反,现收现付制以收支的短期平衡为原则,不会形成巨额的储蓄积累,极易受到人口结构的不利变动(如老龄化)所带来的冲击;由于支付是该体系的最后担保人,所以这种清偿风险有可能转化为政治风险(袁志刚,2005)。

2.1.3　国外建立农村居民社会养老保险制度的经验及启示

农村社会养老保险制度作为现代社会保障体系的重要部分,随着工业化和城镇化的日益发展,越来越受到国内外广大专家和学者的广泛关注,研究文献已经达到汗牛充栋的程度。

从养老保险制度发展目标来看,世界银行认为养老金制度应提供一个充足、可负担、可持续且稳健的待遇水平,从而能够保障老年人的生活,并促进经济发展。其中,充足是指养老保险制度所提供的退休收入的绝对水平(防止老年贫困)和相对水平(替代足够的终生收入);可负担指的是个人和社会的融资能力;可持续是指现在和将来养老计划所应具有的财务稳定性;稳健是指在未来无法预知的条件和环境下,养老保险制度具有抵抗风险冲击,并保持制度可行性的能力。

在目标确立的基础上,分析国外建立农村社会养老保险制度对我国的经验启示。

(1)从城乡社会保障发展一体化来看,农村社会养老保险制度建设普遍滞后于城镇。有些发达国家并没有建立专门针对农村居民的社会保障制度,而是直接将其纳入全民公共的社会保障制度之中。发展中国家二元经济社会结构决定了其二元的社会保障制度结构,两种制度的整合取决于城市化进程、经济增长方式,以及人口与经济、社会协调发展的程度等。值得吸取的历史教训是在城镇化快速发展的过程中,人口老龄化也是加速发展的重要时期;为了避免部分农村贫困人口又直接进入城市贫民窟,成为城市中的新贫民人口,要充分重视社会保障制度在解决城乡贫困人口尤其是城乡老龄化人口的重要作用。

(2)从农村养老保险的责任分担和资金筹集方式来看,多数国家体现了个人、社会、国家对社会保障的责任分担,但是政府在其中有着不可推卸的责任。国外政府都不同程度地给予财政补贴,欧洲国家(如德国、法国、芬兰、奥地利、希腊和波兰)的国家财政补贴一般占养老保险资金的70%以上,但是也要注意政府补贴过高带来的较大的财政压力。

(3)从农村养老保障模式来看,发展中国家的农村养老保障制度由缴费型养老保险与非缴费型养老金计划以及其他非正规保障制度所组成。这些发展中国家包括巴西、智利、阿根廷、乌拉圭、印度等。由于缴费型养老保险存在缴费费率和待遇给付、形式等问题,运行良好的国家不多;而非缴费型养老金切实降低了贫困率,提高了非正规部门及其他覆盖者的养老保障水平,扩大了中低收入国家社会保障覆盖面。同时要注意到在非正式行业就业的人群的养老问题,避免在城市化进程中造成新贫民。

2.1.4　国内学者对中国社会养老保险制度的研究

由于中国的城乡二元结构特色,因此中国社会养老保险制度的城乡差异比较大,以下分别做简要介绍。

首先从城镇来看,简略地说,城镇职工和企事业、机关单位的养老保险制度等与农村养老保险制度相比较,发展得较为成熟。

从 1951 年开始发展到现在,我国已经初步构建了社会基本养老保险、企业补充养老保险、个人储蓄性保险的多层次养老保险体系,规定了国家、企业、个人三方负担的多元化筹资渠道,实行社会统筹与个人账户相结合的养老金计发办法,从国家到地方均有专门的机构管理,并且基本上确保了基本养老金的按时足额发放(穆怀中,2006)。但是仍然存在一些问题需要解决,如由于历史原因造成的大量的隐性债务、养老保险制度本身的不健全,以及在面对人口老龄化趋势时的抵抗风险能力不够等问题,其他在地区差异、不同群体的管理等方面还存在比较大的不公平性。众多学者主要就覆盖范围、缴费和待遇、财政负担、基金运营、统筹层次等问题进行了研究,并提出了解决的方案和思路。

其次,从农村来看,由于城乡二元结构,农村社会养老保险制度作为中国社会养老保险制度的薄弱点备受关注。

在原有的农村社会养老保险制度出现参保率低、可持续差、保障水平低、管理水平低、制度建设"多元化"等问题时,出现了停滞的局面。在反复的探讨研究之后,新型农村社会养老保险制度(以下简称"新农保制度")已经于 2009年取得了重大突破。继 2009 年 6 月 24 日国务院常务会议讨论后,当年 9 月 4日正式发布的《国务院关于开展新型农村社会养老保险试点的指导意见》(以下简称《指导意见》),对新农保的指导思想、制度框架、筹资和运行模式等做出了明确规定,为各省市实施新农保制度提供了一个统一的可参照的基本框架,确立了"从 2009 年 10% 试点开始并且逐步扩大范围,到 2020 年基本实现对农村适龄居民全覆盖"的目标。截至 2010 年 2 月,绝大部分省市地区已经出台了相关细则,选取的国家试点县也已经开始实施工作。在 2009 年试点 10% 的基础上,2010 年把试点范围扩展到 23% 左右;2012 年末提前 8 年实现了新农保制度在全国的全覆盖;到 2014 年,又出台了《关于建立统一的城乡居民基本养老保险制度的意见》,实现了基本养老保险制度在我国对全部人群的覆盖。

对于我国农保制度建设的必要性、重要性、可行性以及政府应起主导作用等,诸多学者和专家已基本没有异议,争议的焦点主要在于:①社会养老和传统养老的关系(王晓龙和董登新,2008);②制度模式选择以及制度分群体、分层次还是要统一等(郑功成,2008;何平,2006;吕学静,2008;邓大松,2008;郑秉文,2009);③资金筹集和给付方式选择和创新,个人、集体、政府责任及各级政府分担方式和程度、缴费与非缴费关系(卢海元,2008;杨翠迎和米红,2007;王延中,2009);④与"老农保"、城镇职工基本养老保险、被征地农民、低保等制度有效衔接和跨地区转移等(梁鸿和赵德余,2008;米红,2008);⑤基金保值增值和统筹层次问题等(邹德新和曹旭杰,2006;杨燕绥,2008)。

《指导意见》出台之后,学界普遍认为新农保制度有了积极变化,体现了基本性、公平性、普惠性和政府的责任,有助于农民养老和实现基本公共服务均等化,但是针对具体参数设计、制度衔接、地方财政补贴到位、灵活就业人员参保、试点的时间长度、统筹城乡的路径等有不同的看法,并正在进行不同角度的研究,以此提高制度实施的可操作性、科学性和吸引力,完善新农保制度并使之可持续发展。

从整体上来分析,众多的研究已经为中国社会养老保险制度研究积累了良好的基础,提供了很好的视角、思路和方法。但是在制度设计上,以往的研究多偏于理论研究,具体如何实现制度全覆盖、人群全覆盖和城乡统筹的路径研究和可行性方案研究比较少;以定性研究为主,定量分析较少;静态的和单一的制度研究较多,动态的和相关制度联动性的系统性研究不多。本书希望对此有所突破。

2.2　养老金替代率概念和分类

养老金替代率,一般来说,是指养老金收入占退休前工资收入的比例。目前学术界对该概念组成要素基本认同,但是由于研究的具体问题不同,研究者所使用的替代率指标也不相同。在概念的具体表述中,国内大部分学者强调了适用的主要群体,如城镇职工等,很少涉及农村居民;从工资收入比较来看,有学者强调了工资,也有部分学者从收入的角度来看该问题;从具体比较的范围分析,学者有从个人也有从群体进行分析,有用社会平均养老金和社会平均工资比值作为具体的参数,也有用实际值和理论值、期望值等,也有从某一支柱的养老金替代率(如基础养老金)来分析,也有比较养老金总额等。

从养老金对象范围来看,可以分为目标替代率、平均替代率、总和替代率和交叉替代率。

(1)目标替代率。职工退休后的养老金收入占退休前一年(或若干年)工资收入的比例。现在基本认同该概念。这一指标以个人为对象,研究目的是使退休者的养老金收入保持在其退休前收入的合适比例之内。如果这一指标定得过高,无论是在现收现付还是在基金积累下,都难免会对当前的在业者以及退休者本人在工作期间构成较大的缴款负担。此外,过高的养老金替代率也容易诱发提前退休。如果这一指标定得过低,职工在退休后的基本生活将难以得到保障(王清,2000;柳清瑞等,2004)。

(2)平均替代率。学者对该概念有不同的理解。王清(2000)和柳清瑞等(2004)认为是社会平均养老金占社会平均工资的比例。其中,社会平均养老金是指全体退休者的人均养老金收入;社会平均工资是指全体在职者的人均工资收入。这一指标表明了同一时期退休者与在业者的收入对比关系。平均替代率指标并不考察单个退休者的养老金收入相当于单个在业者的工资收入水平,而是把退休职工和在职职工各作为一个整体,进行收入的比较。但是在"整体"的范围上,不同的学者在理解和统计上又有一定的区别。高建伟(2006)认为是全体退休职工的人均养老金与全体在职职工的人均工资之比,而程永宏(2005)则认为是某一年度新退休人员的平均养老金除以同一年度在职者的平均工资。同时,柳清瑞等(2004)认为在不同筹资模式下,反映的收入有着不同的代际区别。在现收现付制下,它反映了当期的在职人员负担退休人员的养老金状况;而在完全基金制的情况下,它反映了退休人员的养老金收入与同期在职人员工资收入的对比关系。

(3)总和替代率。指某时期养老金总额占职工工资总额的比例。也有学者称之为总额替代率。王清(2000)认为是退休金总额与当年在职职工工资总额之比,但是两者的含义基本都反映社会负担程度,而非反映单个退休人员的受保障水平(王清,2000;柳清瑞等,2004)。一般对养老金替代率的研究,更多的是使用前两个指标。

(4)交叉替代率。指退休者个人领取的养老金占在职职工平均工资的比例,反映了个人养老金与在职职工工资水平之间的对比关系(褚福灵,2004)。它以个人和在职者整体为研究对象,研究的意义是保持个人的社会平均消费水平。

从需求供给的分类方法看,养老金替代率可以分为基本养老金合意替代率、基本养老金潜在替代率和基本养老金实际替代率(贾洪波等,2005,2007)。基本养老金合意替代率是指能使养老保险制度优化发展的养老金替代率,是从需求方面来衡量基本养老金替代率的数量指标。基本养老金潜在替代率是指在其他条件不变的情况下,基本养老保险体系所能提供的最大限度的养老金替代率,是从供给方面来衡量基本养老金替代率的数量指标。基本养老金实际替代率是在养老保险实际发展过程中形成的替代率(贾洪波等,2005,2007)。

此外,还有一些别的分法,如从工资和收入角度分。王永康(2004)提出养老金的工资替代率的说法,为社会平均的养老金水平占社会平均工资的比例,它体现了养老保险的待遇水平,并间接反映养老保险的供给水平。王晓军(2002)提出用收入替代率来衡量养老保险提供的收入替代水平,它是退休后得到的养老金占在职期间收入的百分比。根据研究目的,退休后的养老金收入可以采用养老金总收入或可支配养老金收入;可以采用社会平均养老金水平,也可以采用不同人群或个人的养老金水平。在职期间的收入可以采用退休前一年或前几年的平均工资、在职期间的平均工资或社会平均工资等,也可以采用在职期间可支配收入,即总收入扣减收入税、养老金缴费或税后的净值。从缴费和待遇角度分,褚福灵(2006)提出缴费替代率(现有缴费水平应当实现的替代率)和待遇替代率。

2.3　养老金替代率适度水平的确定

养老保险制度作为为老年人提供定期收入保障的制度,其基本目标是保障退休老年人的基本生活,并在更高层次上提供一定的收入替代,使老年人的生活水平不因退休而降低。养老金替代率的水平是否合适具有相当重要的意义。当养老金替代率水平过高时,如果替代率高于百分之百时,有可能诱发提前退休的逆刚性效应。所谓逆刚性效应是指提前退休即刻受到普遍响应和认可;当替代率即使小于百分之百但也较高时,由于提前退休即获得了闲暇,收入与闲暇的组合可以达到效用最大化,因而人们也愿意提前退休。提前退休会加大养老金支出,加重养老金的财务负担,加大养老保险金支付的压力,从而降低养老金抵抗风险的能力(邱东等,1999)。养老金替代率过低,则有可能不足以满足老年人的基本生活水平或者大大降低其生活水准,导致退休之前的过度储蓄,老年时期的消费降低,对经济的发展也有负面作用,严重的甚至会影响社会稳定。以上两种情况都不符合帕累托改进。

因此,如何确定合理的养老金替代率以确保退休者的基本生活就成为一个亟待解决的问题。

2.3.1　组织机构和政府的相关规定

大多数专家学者认定国际性组织机构和本国的政府规定,也有学者对此进行了评价和测算。

(1)养老金替代率适度水平的国外规定和历史现状

国际上比较正式的标准由国际劳工组织在 1952 年颁布的第 102 条公约《社会保障(最低标准)公约》中提到,即至少要达到 40%。该公约建议,凡有资格领取退休金的受益人,且其配偶也在世的话,都应以公约所规定的水平定期获得养老金。公约允许各国在定义替代率时具有一定的灵活性,例如,各国可以酌情决定以总收入为基础或以税后收入为基础,以社会保障为基础或以退休前最后几年的收入为基础来计算退休金收入。除了替代率水平外,还规定了其他两个要素:一是以普通成年男工工资总和为基数;二是上述工资应按照正常工时的工资标准予以确定(胡晓义,2002)。1967年,国际劳工组织颁布的第128条公约将替代率提到45%,随后颁布的第131条建议性公约将替代率提高到55%以上,但是这些较高的替代率仅适用于较发达的国家(Holzmann and Hinz,2005)。美国劳工统计局曾以食品支出与收入之间的关系为基础,对不同规模与年龄的家庭提出了一个"等值换算法",按他们的估计,对中等收入的工人来说,适当的替代率大约为其总收入的65%~70%(王永康,2004)。

对此,别的国际化组织却有不同的看法,如世界银行认为建议发达国家制定强制性的最低待遇水平没有意义,因为发达国家具有较高水平的工资收入和较发达的金融部门,个人将有更多的机会来调整退休储蓄,以适应其个人的替代率目标(Holzmann and Hinz,2005)。

从各国实际操作来看,国际上很多国家养老金替代率不是很高,例如美国1975年为58%,1980年为66%;日本1975年为39%,1980年为61%;瑞士1975年为60%,1980年为55%;德国1975年为51%,1980年为49%;意大利1975年为61%,1980年为69%。因此,从世界范围来看,养老金替代率一般在60%左右(邱东等,1999)。

(2)中国养老金替代率水平的发展

1997年,国务院发布《关于建立统一的企业职工养老保险制度的决定》,规定以35年为平均缴费期,在养老基金的投资回报、工资增长率一致的前提下,城镇职工养老保险制度采用基础养老金和个人账户的形式;保险的替代率也由两部分组成,基础性部分替代率即社会统筹达到平均工资的20%,再加个人账户部分,以10年为计发时间,总替代率达到38.5%。其后,在发布《国务院关于完善企业职工基本养老保险制度的决定》之际,政府即通过《人民日报》(2005年12月15日)披露了养老金的目标替代率:"以职工缴费年限35年退休为例,改革前基本养老金的目标替代率是58.5%,其中,20%为基础养老金,38.5%为个人账户养老金;改革后目标替代率调整为59.2%,其中,基础养老金替代率调整为35%,个人账户养老金替代率调整为24.2%。"大多数人认定政府规定的养老金替代率,并就理论目标和实践目标进行了测算。

2.3.2 在一定研究理论框架下进行的测算

(1)研究理论框架下的分类测算

国外经济学界对养老保险进而对社会保险乃至整个社会保障大多都是从宏观经济理论的角度进行研究(Michl and Foley,2001;Campbel,1999)。他们主要研究养老保险基金对消费、资本形成、经济增长等的影响(Feldstein,1996),养老保险和代际关系(Feldstein,1997),养老保险基金运作管理,养老保险和道德风险、逆选择等(朱善利,2001)。

国外基于一般均衡框架,在微观经济之上考察社会养老保险对宏观经济整体影响的研究比较多。这些研究集中于对现收现付制或完全积累制养老保险的分析(Groezen et al.,2003;Pecchenino and Pollard,2002;Zhang et al.,2001)。Samuelson(1975)研究了生命周期模型下的最优社会保障,通过社会保障税来调节资本,使其达到黄金律水平,求解最优社会保障的方法是让市场经济的利率等于经济增长率。Blanchard and Fischer(1989)详细阐述了Samuelson(1975)关于最优社会保障的标准,即帕累托最优,并在该前提下,分析了替代率的区间水平或者最优水平。

国内也有一些学者从一般均衡的角度分析养老金替代率。穆怀中(1997,2001)把人口学与经济学中的收入再分配理论有机结合,量化分析了老年社会保障负担系数即老年人口对总人口的占比对养老保险支出的影响。袁志刚(2000,2001)以每一期人均消费量最大作为长期经济效率最优的标准,研究了经济处于黄金增长路径下,现收现付制与完全积累制的养老储蓄的报酬率。柳清瑞(2004)分析了在长期均衡的封闭经济中,社会资本边际产出满足黄金律条件下的帕累托最优社会保障标准。封进(2004)利用福利经济学的分析框架,推导出社会福利最大化目标下混合制的养老保险体系最优的混合比率。杨再贵(2008)深入到全社会福利层次,考察养老金替代率、人口增长率等外生变量对资本劳动比、社会统筹养老金、个人账户养老金、工作期消费、退休期消费和效用等内生变量的影响,并求解最优的社会统筹养老金替代率。

还有些学者通过局部均衡分析,基于养老金需求或者供给角度,把资本收益率、储蓄率、劳动生产增长率、工资增长率等因素作为外生变量,根据当前制度的规定测算微观经济主体的养老受益水平,确定替代率的适度水平或合理区间。

从需求角度看,可以分为支出法和收入法。米红(2005)和孙博等(2008)分别从居民的基本消费支出结构入手,测算维持退休者的必要消费或基本需求应该具有的替代水平。如米红应用支出法,通过对线性支付系统(LES)的消费支出结构模型进行修正,建立了以我国基本生活需求差异为基础、以物价指数调节的社会养老保险替代率的计算方法模型,并根据我国不同收入群体的消费结构差异分别评估和计算了与之相关的最低替代率。

从供给角度看,可以通过测算微观部门的支付能力来测算替代率水平的上限,即根据企业的财务状况和个人的支出结构分析企业和个人的最大供给能力,以此测算最高替代率。周小川在2000年分析了社会保障与企业绩效之间的关系,以及企业供款变化所引起的劳动力成本和企业利润的变化。陈芳芳(2004)对企业新增价值中的劳动要素和资本要素的贡献做了回归分析,分析了工业企业盈利能力与企业缴费、个人预防性支出与个人账户缴费之间的关系,并据此测算了最高替代率水平。

(2)国内专家学者对中国养老金替代率的测算结果比较

除了政府的规定外,针对中国现状,国内学者从不同角度对养老金替代率的合理水平进行了测算,结果与政府制定的标准相比还是有一定的差异。

在看待中国目前的状况时,首先需要注重中国的城乡二元结构,其所导致的中国的社会养老保险制度也呈现二元化,城镇职工保险制度采取部分积累制,体现代际代内共济,以社会平均工资或者领取养老金前的工资为基点确定替代率,继而确定缴费率;在新型农村社会养老保险试点之前,原有的农村社会养老保险采用个人完全自我积累,参保人分档次进行缴费,主要采取的是"自我养老"的方式,无代内代际的互济,因此替代率测算的意义不大,而之后新型农村社会养老保险制度中已经有了政府补贴的基础养老金部分,可以进行替代率的测算。

从城镇养老保险制度养老金替代率研究分析,我国原有的养老金计划是完全现收现付制,设计的养老金替代率为80%以上。与1980年经合组织成员国的平均工资替代率为 45%(张莉,2002)以及世界范围内养老金替代率一般在 60%左右(邱东等,1999)相比,我国的养老金替代率都远远高出我国经济发展水平、人口规模、老龄化水平所允许的范围。但是从发展来看,陈娟(2009)分析了企业、机关、事业单位的养老金替代率,提出我国基本养老金替代率呈下降趋势,从 1990 年的 82.2%到 2005 年的 58.6%;企业养老金替代率也是不断下降,从 1990 年的 77.7%到 2005 年的 47.9%;1990 年以来,机关养老金替代率一直呈上升趋势,2001 年达到 112.4%的高峰,后来逐渐下降到 2005 年的 100.2%;事业单位的养老金替代率在 2000 年以前也呈上升趋势,2000 年最高达到 105.9%,以后逐渐下降到 2005 年的 89.4%。综合来看,机关养老金替代率水平最高,平均水平为 105.2%;其次是事业单位,平均水平为 97.2%;企业养老金替代率水平最低,平均水平为 61.8%。

从对城镇养老保险制度养老金替代率的测算和比较来看,大部分学者认为目前的水平比较高,有重蹈西方高福利国家财政不堪重负覆辙的危险,需要进行调整。如从目标替代率分析,多位学者专家就合理的替代率水平进行了测算。以最低生活保障水平与人均工资水平计算的替代率合理水平为 20%～70%(张莉,2002);从统一计发办法的方法对替代率进行灵敏性的结论证明,如果某职工的工资与当地平均工资相等,则替代率为 50%～70%(陆法明,1999);从家庭结构角度以及最低生活保障水平测算,替代率为 55%(邱东等,1999);根据对低、中、高收入阶层占职工总数的比例及其平均收入比例的假定,以中等收入水平衡量的基本养老金替代率应为 33%～66%(王晓军,2000)。

胡晓义(2002)提出,现在甚至还出现了这样的现象:退休人员普遍生活在社会的中下层,说不上富足,相当一部分还比较清苦,少数人甚至十分拮据。因此,他认为考察替代率水平的适度性要从国际劳工组织所提出的三方面要素来进行综合分析,由于我国计算替代率的基数是"当地企业参保职工的平均缴费工资",其中包括了工资支付上的大量非正常现象,如领取基本生活费的下岗职工按社会平均工资 60%作为缴费基数,一些企业存在减发、拖欠甚至长期停发工资的状况,部分企业有意瞒报工资基数等。很明显,这些都与"正常工时的工资标准"的国际惯例相去甚远。可以说,相对于正常领取全额工资人群的实际状况来说,"参保职工平均缴费工资"所反映的工资水平低了不少,因此,他认为替代率水平被高估了,应当在修正养老金替代率计算技术的同时,根据区域差异因地制宜控制和调整替代率水平,不能盲目调整。

从对农村养老保险制度养老金替代率研究分析,由于原有的农村社会养老保险制度的发展几乎停滞,而且在制度设计中几乎没有政府补贴,很少有学者关注该指标的测算。随着新型农村社会养老保险制度试点的推出和运行,目前已有陈娟(2009)、杨翠迎(2010)和邓大松等(2010)对农村养老保险替代率进行了讨论和分析。由于社会平均工资的概念不适用,研究中基本采用养老金占人均纯收入的比例进行分析。在方法运用上,杨翠迎(2010)主要用定性分析,邓大松和薛惠元(2010)、陈娟(2009)分别用精算模型和投资模型进行了定量分析;在结论上,学者们基本认为替代率太低,需要在适当的条件下逐步提高。

陈娟(2009)在养老投资模型的基础上,探讨我国现存的基本养老金替代率水平,根据江苏省阜宁县沟墩镇农保所提供的数据,统计了1997—2007年的农村社会养老保险替代率,相对于该县农村纯收入来说,平均替代率仅为3%,相对于全国农村人均纯收入仅为4.17%。如此低的养老保险替代率水平,就连维持农村老人的基本日常生活都不够,更不用说看病和医疗保健。根据这样的分析结果,陈娟(2009)又对新型农村养老保险制度进行分析,并提出了解决方案。根据目前沟墩镇执行的江苏省阜宁县新农保的宣传提纲,假设农民个人缴费比例为10%,地方财政补贴10%,在不考虑村集体补贴的情况下,农民的养老保险缴费比例能够达到20%;如果利率水平仍然保持2.5%,将来的退休消费比例为41%。可以说新型农村社会养老保险原则提高了养老待遇水平。她提出,虽然我国新型农村社会养老保险和城镇职工基本养老保险制度在养老保险缴费年限和退休年限的规定上基本统一,但是养老保险个人账户的给付利率水平大不一样,城镇职工的要比农民的高很多。因此,她提出如下政策建议:一是本着"农民和企业职工应该享受同等国民待遇"的原则,完善并提高农村社会养老保险的账户给付利率水平;二是进一步完善新型农村社会养老保险制度的缴费模式,透明化社会养老计划储蓄和消费的转换机制,鼓励农民自愿积极地提高个人缴费比例;三是加大地方财政对农村社会养老保险的补贴水平,近期目标可以确定为补贴农民个人缴费额的10%,随着经济发展可以继续提高到15%乃至20%,达到和城镇职工同等的缴费比例。

邓大松和薛惠元(2010)则直接根据《国务院关于开展新型农村社会养老保险试点的指导意见》(国发〔2009〕32号),运用精算模型对"老人""中人"和"新人"的新农保替代率分别进行了测算,并通过设定不同收益率,对替代率水平进行了比较,得出结论:在现行制度设计下,新农保替代率水平较低,其主要原因在于新农保个人账户养老金替代率较低。他们认为,提高个人账户养老金替代率的方法有三种,即提高缴费档次、提高政府的缴费补贴和提高个人账户养老基金的收益率,其中最有效的方法是提高个人账户养老基金的收益率。他们还提出政策建议:一是新农保基金应当在适当的情况下进行投资运营;二是以农民人均纯收入作为缴费基础,实行比例费率制;三是继续强化土地保障和家庭保障的作用。

除了以上两种社会保险体制的替代率研究之外,王远佳(2003)提出国家在建立基本养老保险、保障离退休人员基本生活的同时,鼓励建立企业补充养老保险和个人储蓄性养老保险。企业按规定缴纳基本养老保险费后,可在国家政策指导下,根据本单位经济效益情况,为职工建立补充养老保险。鉴于我国的养老保险由国家基本养老保险、企业补充养老保险(企业年金)和个人储蓄性养老保险三部分组成,他认为要确定企业补充养老保险补充的"目标值",即通过企业补充养老保险的补充,能使养老金替代率提高幅度的总量标准。王永康(2004)也对基本养老保险工资替代率+企业补充、基本养老保险工资替代率+个人储蓄进行了测算。

2.4　养老金替代率水平相关理论和影响因素分析研究

由于养老金替代率的影响因素涉及人口、收入、消费和经济发展等,在西方养老保险制度相关理论的发展过程中,养老金替代率水平也与福利经济学、国家干预主义、经济自由主义、农业经济、结构功能以及社会保障效率理论等理论相关。

2.4.1　养老金替代率相关理论

目前学者应用较多的分析角度是社会福利和福利经济学的角度。社会福利的经济本质就是保障国民免除绝对贫穷和相对贫穷,使全体国民享有最低标准的生活保障。所谓全体国民,并不是要以一种制度去保障全体国民,而是要针对不同的国民提供不同的保障(蔡宏昭,2004)。通常用最低标准的生活保障作为标准。对于所谓的最低标准的生活保障,并不只是保障国民免于绝对的贫穷,而是要以贫穷线、贫穷指标及贫穷比率等依据,去制定不同的最低生活保障标准。除非国民所得达到高度的水准,政府财政相当充裕,绝对贫穷完全绝迹,否则社会福利绝不可能保障全体国民都享有高素质的舒适生活。在目前一般国家的经济和社会条件下,社会福利仍应以生活的最低保障为原则。如果个人要追求较舒适的生活,就必须仰赖个人的努力,政府不必要也不可能提供保障。其中,W. Beveridge 的充分就业政策与社会保障制度奠定了福利国家的理论基础,其最低生活保障则构成了福利国家的政策原则之一。因此,已有学者应用了基本生活保障水平、最低生活保障水平等作为替代率的下限。

从社会保险制度看,养老金替代率与社会保险费的负担和待遇问题等相关,其主体主要涉及被保险人、雇主及政府三个。蔡宏昭(2004)认为政府必须依据租税原则与责任原则,规划社会保险费的分摊比率。租税原则强调的是整体社会的公平性。虽然社会保险可能有不同的制度,但是被保险人的保险费负担原则上不宜有太大的出入。政府必须分摊非受雇者被保险人的保险费,以缩小与受雇者被保险人保险费负担的差距。至于分摊比率的问题,就应该依责任比率加以规定。退休者的生活品质责任在于劳雇双方,老年年金保险的保险费应由劳雇共同负担。一般来说,在国民所得较低的国家,被保险人的分摊比率较低,但是随着国民所得的增加,被保险人的分摊比率应酌情予以提高,政府的分摊比率应当减少。

从社会保险的现金给付看,蔡宏昭(2004)认为,政府最需考虑的是采用均一给付或变动给付的问题,其中变动给付问题就涉及养老金替代率的问题。在强调个人主义的社会里,所得比例制是比较容易被接受的,因为高所得者缴纳较多的保险费,而且给付水准按被保险人正常的生活水准对其提供相对的保障。然而,基于社会化的公平性与最低生活保障的原则,所得比例制可能会遭受反对。最适当的做法是采用混合制,也就是在均一给付之外,另采用变动给付,但所得比例不宜太高,以避免造成给付的差距过大。其次,现金给付是否应按不同物价水准的地区而采用有差别的给付标准,也是值得探讨的。一般来说,都市的生活费用高于乡村地区,而且较易受到物价膨胀的影响,所以给付水准应酌情予以提高。这种做法却又会违反公平原则,而且事实上都市地区的平均工资会高于乡村地区。若采用混合制,其所得比例部分已足以涵盖生活费用的差距。因此,不宜因地区的不同而采用不同的给付标准。

从社会保险费的个人和政府分担来看,政府是否承担财政责任,也成为学者在讨论养老金时的重要问题。虽然有学者强调国家的不干预,但是众多西方经济学家中,J. Bentham 肯定了政府的福利角色,他认为社会的贫穷将导致社会秩序的混乱,必须借由政府的力量,强制社会连带,以发挥利他主义的外部经济效果,而使社会效用极大化。政府的福利政策必须以社会效用作为评估的依据,并按社会效用的大小分配福利资源。他赞成国家干预,但是必须以公平有效的科层制与民主化的议会制为前提。同时他强调理性的重要性,他认为每一个人都知道自己的利益与效用,而理性就是建立在效用的基础上。换言之,每一个人都在追求效用的极大化,每一个社会都必须追求社会效用的极大化,也就是最多数的最大幸福。

从福利国家的经济危机看养老金替代率问题,在 1929—1933 年的经济危机之后,各种福利方案的出台使得社会福利从对穷人的施舍到国民应享的权利。20 世纪 60 年代后期,福利国家的经济状况逐渐衰退,失业人口不断增加。20 世纪 70 年代初期,两次石油危机又引发了严重的物价膨胀。不景气和物价膨胀的结合终于爆发了前所未有的停滞性膨胀,大大增加了政府的财政负担,导致了政府的财政危机。福利国家的社会政策对失业与贫穷的恶化束手无策,导致了社会政策的失败。于是,停滞性膨胀、财政危机与政策失败就构成了福利国家的危机。除了福利国家的理论争论之外,OECD(1981)亦于 1981 年宣布福利国家的危机,而 ILO(1984)则于 1984 年指称社会保障加速了世界经济的危机。因应福利国家危机的对策可以归纳成四项:第一是政府社会福利支出的控制;第二是由普遍主义(universalism)移向选择主义(selectivism);第三是福利市场化或私有化;第四是社会政策的分权化(decentralization)。综合来看,在物价膨胀的压力下,最低保障水准势必提高,各种福利给付也必然增加,而老年人口的增加更使社会福利支出必须面对无法削减的命运。因此,养老金替代率水平一方面面临需要提高的问题,另一方面又面临财政支出被削减的问题。

2.4.2   影响因素分析

要确定合理的替代率标准及其目标需要综合考虑一个国家或者地区的社会保障水平和经济发展水平等因素(褚福灵,2004),具体包括:①社会因素。主要是国民经济和生产力发展水平,物价与工资状况,居民生活消费水平,人口年龄结构等。②个人因素。一方面,职工退休后,赡养老人和子女的负担减轻,一般都有了自己的住房;另一方面,随着社会经济发展,消费需求日益增长,特别是老年人体弱、多病,改善生活和营养及医疗需求的增长。③发展因素。主要是让退休人员分享社会进步和生产发展的成果(王远佳,2003)。

王永康(2004)认为确定养老金替代率适度水平的基本思路应该为:①确定最低的养老金标准是计算工资替代率的出发点。作为最低养老金,应有如下限定:其一,该数额能满足退休者最低生活费,不应有过高积蓄;其二,该数额只满足退休者本人需要而不应承担家庭内其他成员的费用。国家统计局每年对城市家庭基本情况进行调查,并根据人均收入情况将城市家庭分为最低收入户、低收入户、中等偏下户、中等收入户、中等偏上户、高收入户和最高收入户七类。从居民消费结构(恩格尔系数)和生活收支剩余两个方面对居民"基本生活水平"进行分析,城镇居民低收入户的消费尚处于较低水平,正常年份收支剩余很少,因此我国养老保险发放的最低水平应与这一人口群体的平均可支配收入持平。这一水平也可以认为是养老金发放水平的下限。②养老金平均水平与城镇居民人均可支配收入持平,是计算我国养老金工资替代率适度水平的基础。③养老金发放的平均水平不应超过"中等偏上户"的人均可支配收入。

2.5 养老金替代率测算模型

在进行养老金替代率的测算中,运用了多种模型。从经济学角度分析,基本可以分为两大类型:宏观一般均衡分析和微观局部均衡分析。

2.5.1 宏观一般均衡分析

在该宏观一般均衡分析下,世代交叠模型(Overlapping Generations Model,OLG)被广泛用于养老保险制度。在世代交叠模型中,每个消费者都生存两期:年轻时期(t 期,有工资收入)和年老时期($t+1$ 期,无工资收入)。每个消费者在年轻的时候没有任何储蓄,靠出卖自己的劳动力(L)或人力资本获取工资收入,并将收入用于消费和储蓄;年老的时候退休,没有工资收入,拥有年轻时的储蓄所形成的资本(K),并依靠自己的储蓄度日。经济在每一时刻都是年轻人和老年人共存的,年轻人所拥有的劳动或人力资本和老年人所拥有的物质资本相结合形成经济中的产出。在这样一个模型中,由于每个人都有年轻和年老的区别,因此可以很自然地引入社会保障。不论实行何种社会保障制度,政府强制实施的社会保障制度总是会改变消费者在年轻和年老时的福利,也会改变消费者的最优决策,从而对经济中的资本积累、人口增长、人力资本的形成产生深刻的影响(杨郁军和赵友谊,2005)。袁志刚(2001)、封进(2004)、杨再贵(2008)等引用生命周期理论,采用经 Diamond(1965)扩展的世代交叠模型来分析和论证。杨再贵(2008)用 OLG 模型分析了中国企业职工基本养老保险制度。他具体考察了个人账户养老金替代率、社会统筹养老金替代率和人口增长率对资本劳动比、社会统筹养老金、个人账户养老金、工作期消费、退休期消费和效用产生的影响,求解了最优的社会统筹养老金替代率。

①从个人的选择看,要使储蓄和两期消费的效用最大。

$$\max\{c_{1,t}, c_{2,t+1}, s_t\} U_t = \ln c_{1,t} + \theta \ln c_{2,t+1}$$
$$\text{s.t.} \quad c_{1,t} = (1-\tau)w_t - s_t$$
$$c_{2,t+1} = (1+r_{t+1})s_t + B_{t+1} + P_{t+1}$$

其中，$\theta \in (0,1)$ 是个人折现率；τ 是个人缴费率；w_t 是工资；s_t 是储蓄；r_{t+1} 是利率；B_{t+1} 是个人账户养老金；P_{t+1} 是社会统筹养老金。

②从企业的选择看，要使企业利润最大化。

$$r_t = \alpha A K_t^{\alpha-1}$$

$$w_t = \frac{(1-\alpha)AK_t^{\alpha}}{1+\eta}$$

③从政府的选择看，政府将企业缴费作为社会统筹资金，用于支付当期退休者的社会统筹养老金，其要最优化才能获得社会福利最大化。

$$P_t N_{t-1} = \eta w_t N_t$$

然后通过动态均衡系统分析政府、企业和个人三部门的最优化问题，得到混合制下使社会福利最大化的、最优的社会统筹养老金替代率。

2.5.2 微观局部均衡分析

在该分析框架下，各学者主要通过需求、供给、投资、消费等模型进行分析。

(1)线性支出系统(LES)

该模型是英国计量经济学家 R. Stone 建立的需求函数，这一模型区分了居民消费支出中基本支出与非必要的支出。

$$P_i X_i = P_i X_0 + \alpha (Y - \sum P_i X_i^0)$$
$$i = 1,2,3,\cdots,n$$

其中，α_i 为消费者对第 i 类商品或服务支出的边际消费倾向；$P_i X_i$ 为消费者对第 i 类商品或服务的支出额；P_i 为第 i 种商品或服务的价格；X_i 为相应的需求量；$P_i X_i^0$ 为消费者对第 i 类商品或服务的基本支出额。

米红等(2005)对该模型进行了修正，在消费支出中区分了基本支出和非基本支出，用物价指数调整过的实际收入与支出分离出基本生活消费类别，以用于基本生活支出的消费额与收入额的比较并作为计算替代率的基础。他们应用模型计算了不同收入群体的替代率，研究表明，高收入群体与最困难户的替代率差距很大。

（2）投资模型

该模型主要从储蓄和消费两方面进行探讨。根据储蓄的未来值和退休消费的现值，在退休这个时间点上，合理的养老计划应该要满足两者相等的条件。在高利率的情况下，个人会更愿意进行储蓄养老。储蓄和消费的转换率作为众多国家进行养老保险计划设计的重点，很多国家通过强制性的税收来收取养老保险费。社会养老计划因为其"社会性"的一面，政府所提供的退休收入不只是跟参保个人的收入水平和储蓄比例有关系，更多是和社会平均工资有着密切关系。

假设 $i(i=1,2,3,\cdots,N)$ 代表工作储蓄年份，N 是所有工作储蓄年数总和，W 为工资收入，R 为投资利率，S 为年储蓄额。再假设 W 和 S 都一次性发生在年底，C 为预期的年退休收入，则退休时的储蓄未来值 FV 可表示为：

$$FV(S,R,N) = \sum_{i=1}^{N} S(1+R)^i = S\frac{(1+R)^N - 1}{R}$$

假设生命周期模型中，退休期间没有储蓄发生，只有一次性发生在年底的消费活动。假设 $d(d=1,2,3,\cdots,N)$ 代表退休期年份，C 为退休消费，则退休期总消费观占现值 PV 为：

$$PV(C,R,D) = \sum_{j=1}^{D} \frac{C}{(1+R)^j}$$

如果退休时的储蓄未来值和退休期总消费的贴现值相等，则可以计算出储蓄和消费的转换率，从而对替代率进行推算。

陈娟（2009）根据该模型测算分析了城镇职工、机关、事业单位和农村养老保险制度的养老金替代率水平。

（3）精算模型

相当一部分学者运用精算的方法，构建养老金的收支平衡模型测算替代率，认为在基金积累制下，缴费现金流的价值等于给付现金流的价值再扣除管理费用。更具体地说，若忽略不计养老基金的管理费用，养老金缴费现金流在退休时的积累值应等于养老金给付现金流在退休时的贴现值。相应的参数有：工资增长率 w，养老金给付增长率 w_i，养老基金投资回报率 i，缴费率（即缴费额与工资收入的百分比）c，缴费年限 m，养老金参与者退休时的平均余命 n。

根据收支平衡模型，个人账户养老金替代率可由下面的公式确定：

$$R = \frac{\sum_{k=1}^{m} c(1+w)^k (1+i)^{m-k}}{\sum_{j=1}^{n} \frac{(1+w)^m (1+w_i)^j}{(1+i)^j}}$$

褚福灵(2006)、李社环(2008)、邓大松和薛惠元(2010)根据该模型,测算了个人账户养老金替代率、缴费替代率、待遇替代率等。

2.6　评　述

虽然养老金替代率研究已经有丰硕的成果,为后期研究提供了丰富的资料和思路,但是其研究还存在着一些不足,有待继续深入探讨。具体问题表现在以下几方面。

(1)对养老金替代率概念的内涵和外延在认识上还存在不一致

表现在概念上的不严谨,或者混淆使用不同的替代率的概念。即使是同一种类下的概念,也存在认识上的差异,使得养老金替代率在众多层面上有不同的含义,不仅在测量水平和研究结论上有一定的分歧,而且很难进行比较。

(2)对养老金替代率测算的前提假设科学性有待加强

由于养老金替代率的计算建立在未来一系列不确定性的前提假设上,因此,如果前提假设不合理,将严重影响养老金替代率的精准性和适用性。

(3)运用的分析方法和模型需要结合中国的国情

由于在养老保险理论和模型的研究上,基本以欧美学者为主,他们分析的是欧美国家的实际情况,其他国家与中国在社会经济人口等多方面的发展上有着一定的差异性。如果应用模型时拿来就用,不加以辨别和修改,很容易犯经验主义的错误,误用了前提假设。

(4)养老金替代率研究还将在多方面继续深入

在中国,未来社会保障城乡一体化的发展是必然趋势。由于在该发展趋势下,养老保险制度为社会保障制度的重要组成部分,所以需要对养老保险制度的城乡统筹并走向统一进行研究,把农村养老保险制度这一现在的薄弱点作为突破口,完善农村养老保险制度,使之与城镇养老保险制度衔接并有可能整合,形成统一的基本养老保险制度。养老金替代率将是发展中的重要指标,其研究对提升全社会福利的层次,应对人口老龄化风险、财政风险、经济发展增速下降的风险,提升养老保险制度的可持续发展能力等,将有重要意义。

3 农村社会养老金替代率现状分析

——以新农保制度为例

在简单介绍新型农村社会养老保险(以下简称"新农保")制度的基础上,根据新农保制度的筹资方式和待遇领取方式等,本章分析了新农保制度中基础养老金和个人账户的性质等,列出测算基础养老金替代率和个人账户替代率的模型;测算基础养老金替代率和个人账户替代率,其中在基础养老金替代率测算时,把国家新农保制度统一方案和地方具体实施的调整方案进行了替代率水平的对比,来分析不同经济发展阶段和基础养老金调整对基础养老金替代率的影响;测算总的社会养老金替代率。本章最后进行总结分析,提炼出目前现实社会养老金替代率的问题,以便同后续章节适度社会养老金替代率等进行比较分析。

3.1 新型农村社会养老保险制度简介

3.1.1 新型农村社会养老保险制度发展概述

(1)新农保制度创新发展历史状况简要回顾

以 2002 年 11 月党的十六大明确提出的"在有条件的地方探索建立农村社会养老保险制度"为标志,我国农村社会养老保险工作进入了创新发展阶段。中国许多地区由此开始积极探索建立与农村经济发展水平相适应的、与其他保障措施相配套的新型农村社会养老保险制度。但由于没有统一的指导性文件,各地在制度上和标准上都不统一,造成农村社会养老保险"碎片化"和

"大跃进"现象严重。表现在管理执行部门多处,职责不清;针对不同群体建立多种不同的社会保障制度,出现了失地农民养老保险、村干部养老保险、农民工养老保险、计生户养老保险以及针对一般农民的养老保险等多项制度并行,造成无法统一,制度重叠现象严重。还有个别地区超出各地的财政和收入水平,制定了超出地方财政和经济发展水平的制度,造成了制度的不可持续性。

由此造成的问题比较严重。① 从参保情况看,由于没有政府补贴,当时农民的参保积极性低,参保率比较低,而且还有大量退保现象,农村社会养老保险开始萎缩,其中纯农民是社会保险的盲区。②从保障水平看,全国实行农村社会养老保险的地区普遍存在领取养老金过低,不能满足农民老年的基本生活需要的情况。按 2006 年全国累计参保 5373 万农民和 354 亿元积累保险基金进行计算,人均 659 元,还没有超出 2007 年公布的以 2006 年农民人均纯收入 693 元以下作为绝对贫困线标准。③从管理水平看,在实践中,由于缺乏专业人才和严格的管理制度,再加上机构设置问题,管理上出现了很多漏洞,尤其在基金管理上,出现了不少违规运作基金,以及政府挤占、挪用甚至贪污、挥霍农保基金的情况,使得农保制度的推行和农保基金的安全性、流动性和效益性都得不到应有的保障。

同时,不同地区人口经济社会差异大、内部不均衡等区域差异特点,使得能否在全国范围内建立新型农村社会养老保险制度一直是学界争论的热点问题。

(2)统一的新农保制度指导意见出台和实施

直到 2008 年 10 月召开的党的十七届三中全会,就农村建设问题进一步提出"建设社会主义新农村,形成城乡经济社会发展一体化新格局,必须扩大公共财政覆盖农村范围……健全农村社会保障体系",加快了统一的新型农村养老保险制度的出台。该制度的发展在 2009 年已经有了重大突破,国务院办公厅在 2009 年 9 月 4 日正式发布了《国务院关于开展新型农村社会养老保险试点的指导意见》(以下简称《指导意见》),在全国范围内统一了制度框架,为各省市实施新农保制度提供了一个可参照的基本框架。从 2009 年年底的10%试点开始,到 2012 年年底已经实现了在全国范围内的制度全覆盖。同时,全国有不少地方开始探索建立城乡居民养老保险制度,在农民的人群之外,又把城镇中没有社会养老保险的人员纳入到制度内,真正实现了制度在城乡间的衔接和全覆盖。

与老农保制度相比,新农保制度实行个人缴费、集体补助、政府补贴相结合,社会统筹与个人账户相结合,与家庭养老、土地保障、社会救助等其他社会保障政策措施相配套,体现了政府的养老责任,也极大地调动了农民的参保积极性。到目前为止,全国不少地区符合参保条件的农民大部分已经在制度内。

新农保制度建设作为覆盖城乡的社会保障体系的重要组成部分,对确保农村居民基本生活、推动农村减贫和逐步缩小城乡差距、维护农村社会稳定意义重大,同时对改善心理预期、促进消费、拉动内需具有重要意义。

3.1.2 新型农村社会养老保险制度介绍

(1)参保对象和领取条件

① 参保对象:年满 16 周岁(不含在校学生)、未参加城镇职工基本养老保险的农村居民。

遵照《指导意见》的规定,有的省市,如北京、天津、重庆和浙江省,在 2010 年就已经在新农保制度基础上出台了城乡居民社会养老保险或保障的政策文件,将农村居民和无保障的城镇居民(或城乡无保障的老年居民)纳入进来,提前落实了社会养老保险制度在人群上的制度全覆盖。

② 领取条件:年满 60 周岁、未享受城镇职工基本养老保险待遇的农村有户籍的老年人,可以按月领取养老金。新农保制度实施时,已年满 60 周岁、未享受城镇职工基本养老保险待遇的,不用缴费,可以按月领取基础养老金,但其符合参保条件的子女应当参保缴费;距领取年龄不足 15 年的,应按年缴费,也允许补缴,累计缴费不超过 15 年;距领取年龄超过 15 年的,应按年缴费,累计缴费不少于 15 年。

首先,该领取条件统一了男女之间领取年龄的差异,都年满 60 周岁。城镇企业职工养老保险制度、机关事业养老保险制度中都规定了女性要比男性提前 5 年退休领取养老金,事实上,从人均预期寿命来看,女性要比男性的寿命长,而女性比男性更早领取养老金从人口学上看不太合理。《指导意见》在这点上更具有合理性。

其次,该领取条件划分了"老人"、"中人"和"新人",使得不同年龄群体都能够被纳入到制度中。同时,对"老人",基础养老金更多地体现了社会福利的性质,实施了到年龄就可以领取的"普惠"制,这是中国社会保障制度发展中的重大里程碑。

(2)筹资方式

由三部分构成:个人缴费、集体补助和政府补贴。

① 个人缴费。缴费标准设为每年100元、200元、300元、400元、500元等五个档次,地方可以根据实际情况增设缴费档次。

② 集体补助。有条件的村集体应当对参保人缴费给予补助。鼓励其他经济组织、社会公益组织、个人为参保人缴费提供资助。

③ 政府补贴按照缴费和待遇领取分为政府进口补贴和政府出口补贴。

政府进口补贴:地方政府应当对参保人缴费给予补贴,补贴标准不低于每人每年30元;对选择较高档次标准缴费的,可给予适当鼓励,具体标准和办法由省(区、市)人民政府确定。对农村重度残疾人等缴费困难群体,地方政府为其代缴部分或全部最低标准的养老保险费。

政府出口补贴:政府对符合领取条件的参保人全额支付新农保基础养老金,其中中央财政对中西部地区按中央确定的基础养老金标准给予全额补助,对东部地区给予50%的补助。地方政府可以根据实际情况提高基础养老金标准,对于长期缴费的农村居民,可适当加发基础养老金,提高和加发部分的资金由地方政府支出。

(3)待遇领取方式

养老金待遇由基础养老金和个人账户养老金组成。

① 基础养老金。由中央政府和地方政府支出。

② 个人账户。个人缴费,集体补助及其他经济组织、社会公益组织、个人对参保人缴费的资助,地方政府对参保人的缴费补贴,全部记入个人账户。个人账户储存额目前每年参考中国人民银行公布的金融机构人民币一年期存款利率计息。月计发标准为个人账户全部储存额除以139(与现行城镇职工基本养老保险个人账户养老金计发系数相同)。

（4）养老金待遇调整

《指导意见》中明确提到的是基础养老金待遇调整，但是个人账户的待遇主要是由个人缴费、集体补助和政府进口补贴等构成，按照精算平衡原理测算到退休年龄后的每月领取数额的。因此，当筹资比例等增加，个人账户待遇也会提高，说明个人账户待遇同样有调整。

① 基础养老金调整。国家根据经济发展和物价变动等情况，适时调整全国新农保基础养老金的最低标准。

② 个人账户调整。地方可以根据实际情况增设缴费档次。参保人自主选择档次缴费，多缴多得。国家依据农村居民人均纯收入增长等情况适时调整缴费档次。不过，个人账户待遇随着缴费和政府进口补贴的调整额度少，还取决于基金投资情况和计发月数等参数的变化。

（5）基金管理

试点阶段，新农保基金暂实行县级管理，随着试点扩大和推开，逐步提高管理层次。有条件的地方也可直接实行省级管理。

（6）制度衔接

虽然已经有了与老农保制度等衔接方案，但是基本都处于没有具体操作方案阶段。

① 与老农保制度衔接。在新农保试点地区，凡已参加了老农保、年满60周岁且已领取老农保养老金的参保人，可直接享受新农保基础养老金；对已参加老农保、未满60周岁且没有领取养老金的参保人，应将老农保个人账户资金并入新农保个人账户，按新农保的缴费标准继续缴费，待符合规定条件时享受相应待遇。

② 与城镇职工基本养老保险等其他养老保险制度的衔接办法，由人力资源社会保障部会同财政部制定。

③ 与被征地农民社会保障、水库移民后期扶持政策、农村计划生育家庭奖励扶助政策、农村五保供养、社会优抚、农村最低生活保障制度等政策制度的配套衔接。具体办法由人力资源社会保障部、财政部会同有关部门研究制定。

3.2　新农保基础养老金替代率和个人账户替代率基本分析

3.2.1　基础养老金的性质

(1)以"零支柱"为主,兼有"第一支柱"的特点

1)60周岁以上非缴费就享受基础养老金的方式,属于"普惠式"的"零支柱"

2009年年末新农保制度试行时,规定年满60周岁的、未享受城镇职工基本养老保险待遇的农村户籍老年人不用缴费,就可以按月领取基础养老金。针对广大农民,仅仅通过年龄这一条件来划分基础养老金待遇领取的界限,充分体现了新农保制度的"非缴费型"的"普惠式"特点。从霍尔兹曼和欣兹(2006)提出的多支柱养老金制度体系来看,"零支柱"应该提供的是非缴费型的养老金,其目的就是为了消除老年贫困,为老年人提供基本的收入保障。新农保制度中的基础养老金符合了"零支柱"的基本特点。

要注意的是,新农保制度在试点时,根据中国农村的实际情况,并没有如城镇职工基本养老保险制度那样以强制性的手段施行,而是采取了政府主导和农民自愿相结合的方式。这意味着,在新农保制度实施时,未年满60周岁的、未享受城镇职工基本养老保险的农村户籍的农民是否在新农保制度内,取决于他自己是否愿意加入该制度。同时,《指导意见》中规定:新农保制度实施时,已年满60周岁、未享受城镇职工基本养老保险待遇的老人,不用缴费,可以按月领取基础养老金,但其符合参保条件的子女应当参保缴费。这就意味着,如果他有16周岁以上符合条件应该参保的子女,但是没有参保的话,到了60周岁以后,按照规定是不能领取基础养老金的。这等于说领取基础养老金有了子女参保的"联动"政策或者可以称为"捆绑"政策。政府的出发点是希望符合条件的农民能够都加入到该制度中去,而且不仅仅是为了参保农民自己,更是一举两得,连同参保农民的父母也一起受惠。值得注意的是,附加了这一条款后,新农保制度的基础养老金与理念中的非缴费型"零支柱"就有了一定的区别。

霍尔兹曼和欣兹(2006)认为"零支柱"应对的是终生的贫困风险和流动性约束的风险,防范了必须参与正规经济部门并通过劳动工资来积累微薄的个人储蓄的风险。这就意味着政府有责任来防止国人处于贫困风险或者相关的风险。这种子女联动政策从一定意义上来说降低了政府在零支柱中所要承担的责任。另一方面来看,该联动政策加强了新农保制度的强制性以及权利和义务的对等关系。虽然新农保制度目前还是自愿性质的,但是从社会保险政策来看,国际上基本以强制性为主,因此,新农保制度在发展中加入强制性的元素也是可行的。

该联动政策使得基础养老金在非缴费型的"零支柱"之外,同缴费型为主的"第一支柱"有了些许的关联:取决于符合条件的子女是否参保。根据调研,如果老人有子女,出于中国的传统孝道文化和目前比较低的参保档次,大多数子女都会选择参保,而没有参保的基本存在比较严重的经济困难,或者并没有和老人住在一起等问题。在具体实施中,该政策的确造成了有少部分老人没有享受到基础养老金的状况。目前,有的省市已经取消了该联动政策,有些地方则由社区或村、县政府出资解决了该问题,因此,该联动政策造成的已满60周岁的老人不能享受非缴费型的基础养老金的影响有限。一定程度上,这的确促使更多的符合参保条件的青年人加入到该制度中来。

综上,笔者认为新农保制度中的基础养老金符合非缴费型"零支柱"的基本特点。

2)未满60周岁的农村居民通过缴费进入到新农保制度中,满60周岁以后领取基础养老金,此时的基础养老金兼有"第一支柱"的特点

世界银行在建立多支柱养老金制度的建议中提出,"第一支柱"体系是与不同工资收入水平相关联的,是缴费型的,旨在发挥某种收入替代水平的支柱作用。基础养老金由各级政府财政拨款,由中央确定统一的基础养老金水平,然后地方各级政府再根据各地情况适当提高基础养老金待遇水平。这种财政拨款体现了社会统筹。

《指导意见》关于缴费的规定如下:距领取年龄不足15年的,应按年缴费,也允许补缴,累计缴费不超过15年;距领取年龄超过15年的,应按年缴费,累

计缴费不少于 15 年。因此,在新农保制度实施时,未满 60 周岁的农村居民之后想领取基础养老金只有先通过缴费加入新农保制度的形式,体现了权利和义务的对等关系,已经有了"第一支柱"特点。

(2)筹资全部来源于中央和地方各级政府

《指导意见》对政府补贴中基础养老金的规定是:政府对符合领取条件的参保人全额支付新农保基础养老金。政府财政基本是以横向平衡原则为依据,这与现收现付制的特点相同,即以同一时期在业者的缴费来支付保险受益人的开支。现收现付制式的筹资需要由社会保险管理机构按所需支付的待遇总额,以支定收,而目前的基础养老金并没有通过现收现付制度的精算模式以社会保险税或费的形式进行收取。在没有额外来源的情况下,这增加了中央财政和地方各级政府的财政负担压力。持续下去的前提条件是国家和各级政府需要有一定的宽裕资金用来专门支付基础养老金部分的开支,否则很可能会在将来难以负担。这也是目前的新农保制度中基础养老金面临的困境。

(3)初始待遇水平体现了"保基本"的低起步特点

《指导意见》中确定的新农保基础养老金标准为每人每月 55 元。地方政府可以根据实际情况提高基础养老金标准,对于长期缴费的农村居民可适当加发基础养老金,提高和加发部分的资金由地方政府支出。

每人每月 55 元相当于什么水平呢?民政部公告 2008 年年底全国平均低保标准人均 82 元/月。相比较,全国新农保基础养老金水平尚且没有达到农村低保水平。需要考虑两个问题:一是低保有补差的性质[①]。在家庭养老和土地养老仍然发挥作用的情况下,大部分农民的养老金实际水平如果适当低于全额的低保水平,达到低保补差待遇水平,还是可以维持基本生活水平。国家新农保制度框架中基础养老金 55 元/月,即是考虑到 2008 年全国农村低保对象月人均补差 49 元的标准,以略高于该标准的数额制定的。实际上,按照规定,只有农村五保对象和城镇"三无"对象以及生活不能自理的重度残疾救助对象,才能按保障标准全额享受保障金。二是社会保障水平有一定的"刚性",

---

① 即按照低保家庭人均收入低于当地低保标准之间的差额进行发放。

需要避免应对风险能力不足、财政投入过高、待遇偏高等"福利病"的产生。因此,基础养老金待遇水平体现了"保基本"的低起步特点,还是比较适当的。

3.2.2　基础养老金替代率的含义

在概念上,笔者认为新农保制度的基础养老金替代率属于平均收入替代率,表现为当年的基础养老金与上年度的农民人均纯收入的比值。虽然并没有相关政策明确新农保制度应该确切地使用该概念,但是基础养老金的来源基本是中央财政和地方各级财政,属于社会统筹范围,可以借鉴早已实行的城镇职工养老保险制度等规定。根据国务院关于建立统一的企业职工基本养老保险制度的决定(国发〔1997〕26),企业职工退休时的基础养老金月标准参照的是省、自治区、直辖市或地(市)的"上年度职工月平均工资",由此,可以推断企业职工中的基础养老金替代率是社会平均工资替代率。

在我国,由于城乡二元分化结构,农村居民并没有社会平均工资一说,因此可以用农民人均纯收入这一指标代替。事实上,在统一的新农保制度试点以前,就有不少地方政府根据农民人均纯收入来制定个人缴费和待遇领取的标准。因此,新农保制度的基础养老金替代率亦可称为农民人均纯收入替代率,指当年的基础养老金与上年度的农村居民人均纯收入之比。

3.2.3　个人账户性质

(1)属于第一支柱

根据世界银行的定义,第一支柱是与不同工资收入水平相关联的、旨在发挥某种收入替代水平的缴费型支柱。它的目标和"零支柱"相同,是确保老年人免于贫困。

农民目前可以自己选择缴费档次,是以收定支的方式确定今后的个人账户领取待遇。因此,不同的农民选择不同的缴费档次后,由于个人账户积累额不同,今后在领取待遇上个体差异会比较大。多缴费的参保者,养老基金积累也比较多,那么待遇也会比较高,否则待遇会比较低。因此,个人账户体现了参保者权利和义务的对等关系。

同时,也要注意到第一支柱仍然由政府承担主要风险,不仅表现在统一的基金管理和投资,还表现在鼓励地方政府和村集体对参保人缴费给予补助,对农村重度残疾人等缴费困难群体,地方政府为其代缴部分或全部最低标准的养老保险费。

一般来说,第一支柱是强制性的,而新农保制度的参保是自愿的,这和我国农村居民人均收入还比较低有很大的关系。

(2)筹资模式为完全积累制

所谓完全积累制,是在对有关社会经济发展指标进行宏观上的测算后,从追求养老保险收支的长期平衡角度出发,确定适当的费率标准,将养老保险较长时期的支出总和按比例分摊到整个期间征收,同时对已筹集的养老保险基金进行有效运营与管理(郑功成,2007b)。

新农保制度的个人账户基本符合完全积累制的特点,体现在个人账户管理、基金管理等方面。在个人账户管理方面,首先筹资时个人缴费,集体补助和地方政府进口补贴全部记入个人账户;其次个人账户储存额纳入基金统一管理,统一计息,目前利息每年参考中国人民银行公布的金融机构人民币一年期存款利率,都纳入到个人账户;再次,个人账户待遇领取时根据精算长期平衡原理,采用的是以收定支的方式,根据个人账户的积累额,以 139 的计发月数进行发放。

完全积累制相比现收现付制,保证了个人账户的积累和收益,避免由人口老龄化抚养比带来的养老金支付压力,但几十年的基金运营过程中,由通货膨胀、运营和投资带来的风险也会增加。

(3)基金管理中做实了个人账户

我国城镇企业职工养老保险的个人账户为名义账户,并没有做实,而新农保制度目前的个人账户是做实的,和积累制的性质联系在一起,可以称为"实账积累制"或"实账缴费确定型"。这就使得基金管理压力增加,要确保个人账户保值增值。个人账户养老金待遇和个人账户积累的基金规模有关,直接取决于基金的投资运营。目前制度规定收益水平为一年期存款利率,但是该水平远落后于近几年比较高的通货膨胀率。该性质将比较大地影响个人账户替代率的水平。

(4)有多缴多得、长缴多得的激励制度

目前为了鼓励更多的农民多缴费和长期缴费,制定了多缴多得、长缴多得的激励制度。"长缴多得"体现在对选择较高档次标准缴费的,可给予适当鼓励,具体标准和办法由省(区、市)人民政府确定;"多缴多得"体现在参保人自主选择档次缴费。

该激励制度的目的就是鼓励广大农民积极参加养老保险并长期参加。各省市在执行规定时,将个人缴费和基础养老金进行挂钩,即选择比较高缴费档次和超过最低 15 年的缴费时间时,可以适当增加今后领取的基础养老金待遇水平。

3.2.4 个人账户养老金替代率含义

个人账户养老金替代率和基础养老金替代率相同,同样属于平均收入替代率,表现为当年的个人账户领取到的养老金与上年度的农民人均纯收入的比值。与基础养老金替代率不同的是,个人账户并不属于社会统筹的范围,需要根据精算平衡公式计算每年领取到的个人账户养老金。

3.3 新农保基础养老金替代率测算模型和现状分析

3.3.1 基础养老金替代率测算基本模型

由于新农保制度从试点到全面铺开并实行的时间并不长,因此,基础替代率的现状分析是从 2009 年到 2013 年。根据前述基础养老金替代率的定义,可列出以下基本公式:

$$\rho_B = \frac{p_t}{y_{t-1}} \tag{3.1}$$

其中,ρ_B 表示基础养老金替代率,p_t 表示 t 年的基础养老金,y_{t-1} 表示上一年农民人均纯收入。需要注意的是,该公式表明的是以个人为单位的平均收入养老金替代率。

在计算全国新农保基础养老金替代率(具体数据见表 3.1)时,依次分析基础养老金、农民人均纯收入和基础养老金替代率。

表 3.1   全国农村分收入等级人均食品现金消费(2009—2012 年)

年份	平均(元)	低收入户(元)	中等偏下户(元)	中等收入户(元)
2009	1180.7	673.7	850.9	1075.7
2010	1313.2	756.4	963.3	1216.3
2011	1651.3	1030.7	1260.0	1534.6
2012	1863.1	1173.2	1416.0	1712.2

数据来源:历年统计年鉴。

3.3.2   影响国家基础养老金替代率的直接因素分析

(1)全国基础养老金分析

1)全国新农保制度基础养老金没有统一调整

从 2009 年新农保制度试点开始到 2013 年年底,由于全国的基础养老金并没有得到统一的提升,55 元/月的标准仍然没有变,因此,660 元/年的标准始终没有变动。

2)基础养老金的实际购买力随着消费支出的增加而下降

根据表 3.1 可以看出,660 元/年的基础养老金在 2009 年尚能勉强维持低收入户一年的食品现金消费开支,但是到 2012 年,这只能维持半年的食品现金消费开支。这里的基础养老金并没有随着物价上涨而上调,其实际购买力随着消费支出的增加却在持续下降。

(2)全国农民人均纯收入分析

1)农民人均纯收入在不断上涨;

从 2008 年到 2012 年,随着我国经济社会的发展,农民人均纯收入在不断增加,平均上涨幅度为 13.61%。具体数值请见表 3.2。

2)从构成看,近两年转移性收入的增长率最高,部分归功于农村社会保障政策覆盖范围的进一步扩大和保障水平进一步提高

从农民人均纯收入的结构来看,主要分为工资性收入、家庭经营纯收入、

财产性收入和转移性收入①四部分。从各自的构成比例来看,家庭经营纯收入最大,2012年达到44.6%,其次是工资性收入,2012年占比43.5%,而转移性收入和财产性收入分别占8.7%和3.1%。在构成比例上,2008—2012年,工资性收入和转移性收入的比例在不断扩张,而家庭经营纯收入比例在逐渐缩小,财产性收入的比例变化则不大,基本稳定。从每年平均上涨幅度来看,转移性收入的上涨幅度最大,达到20.8%,其中2011年和2012年的增长率分别达到24.38%和21.91%,其次是工资性收入16.84%,财产性收入13.96%,家庭经营纯收入9.81%。从全国范围内来看转移性收入的快速增长,可以部分归功于以新农保制度为主的农村社会保障政策覆盖范围进一步扩大和保障水平进一步提高(国家统计局住户调查办公室,2013)。

表3.2　全国农民人均纯收入构成(2008—2012年)

年份	农民人均纯收入(元)	工资性收入(元)	家庭经营纯收入(元)	财产性收入(元)	转移性收入(元)
2008	4760.6	1853.7	2435.6	148.1	323.2
2009	5153.2	2061.3	2526.8	167.2	397.9
2010	5919.0	2431.1	2832.8	202.2	452.9
2011	6977.3	2963.4	3222.0	228.6	563.3
2012	7916.6	3447.5	3533.4	249.1	686.7
平均年增长率	13.61%	16.84%	9.81%	13.96%	20.80%

数据来源:根据历年统计年鉴和本书测算得出。

　　3)从收入等级分组变化看,虽然2008—2012年中等以上收入户收入增长率高于中等以下收入户,但是2012年低收入户收入增长最快,当年农民人均纯收入的基尼系数也比2011年略有降低。

　　从低收入户到高收入户的五级分组中(表3.3),平均年增长最快的是中等

---

　　① 根据中国住户调查年鉴,财产性收入是指金融资产或有形非生产性资产的所有者向其他机构单位提供资金或将有形非生产性资产供其支配,作为回报而从中获得的收入。转移性收入是指农村住户和住户成员无须付出任何对应物而获得的货物、服务、资金或资产所有权等,不包括无偿提供的用于固定资本形成的资金;一般情况下,是指农村住户在二次分配中的所有收入,包括在外人口寄回和带回、农村外部亲友赠送、救济金、保险赔偿收入、退休金、土地征用补偿收入等。

偏上户,高达 14.43%,而低收入户的平均年增长率是最慢的,才 11.69%。这其实恰恰说明农民人均纯收入的内部差距在拉大。但在 2012 年,低收入户的收入增长率高达 15.78%,是五个等级分组中增长最快的。其中低收入户的转移性收入增长率高达 25.4%,特别是新农保收入增长了 125%(国家统计局住户调查办公室,2013)。由此,2012 年农村居民人均纯收入的基尼系数为 0.3867,比 2011 年的 0.3897 减少 0.003(国家统计局住户调查办公室,2013)。

表 3.3　全国按照收入等级分组的农民人均纯收入(2008—2012 年)

年份	低收入户(元)	中等偏下户(元)	中等收入户(元)	中等偏上户(元)	高收入户(元)
2008	1499.8	2935	4203.1	5928.6	11290.2
2009	1549.3	3110.1	4502.1	6467.6	12319.1
2010	1869.8	3621.2	5221.7	7440.6	14049.7
2011	2000.5	4255.7	6207.7	8893.6	16783.1
2012	2316.2	4807.5	7041	10142.1	19008.9
2012 年增长率	15.78%	12.97%	13.42%	14.04%	13.26%
平均年增长率	11.69%	13.22%	13.85%	14.43%	13.97%

数据来源:根据历年统计年鉴和本书测算得出。

3.3.3　国家新农保制度的基础养老金替代率现状分析

(1)新农保基础养老金替代率比城镇低,在绝对基础养老金不变的情况下,基础养老金替代率不断下降

在基础养老金绝对值不变而上一年农民人均纯收入不断上涨的情况下,基础养老金替代率在不断下降,从 2009 年的 13.86% 下降到 2013 年的 8.34%(表 3.4)。对比"国务院关于建立统一的企业职工基本养老保险制度的决定"(国发〔1997〕26 号)中关于平均工资替代率的规定,退休时的基础养老金月标准为省、自治区、直辖市或地(市)上年度职工月平均工资的 20%,显然农村新农保基础养老金替代率没有达到该标准,而基础养老金这些年未经调整,造成基础养老金替代率的城乡差距进一步拉大。

表 3.4　全国新农保制度基础养老金替代率(2009—2013 年)

年份	基础养老金(元)	上年农民人均纯收入(元)	基础养老金替代率(%)
2009	660	4760.6	13.86
2010	660	5153.2	12.81
2011	660	5919	11.15
2012	660	6977.3	9.46
2013	660	7916.6	8.34

数据来源:根据历年统计年鉴和本书测算得出。

(2)从收入等级分组看,农村低收入户的基础养老金替代率最高

由于农民人均纯收入按照收入等级分组的变化是不同的,为显示基础养老金在各个收入分组的比例差异,分别把基础养老金和五个收入等级进行对比(表 3.5)。可以看到,虽然基础养老金替代率还是逐渐下降的,但是在五个收入等级户的占比有很大的差异。到 2013 年,低收入户的基础养老金替代率仍然高达 28.49%,已经超过了企业职工平均工资替代率 20% 的标准。比较其他收入户的基础养老金替代率,除了中等偏下户的基础养老金替代率在 2009 年和 2010 年高于 20% 以外,都比较低。对于高收入户而言,基础养老金替代率在 2013 年仅仅 3.93%。这说明新农保的基础养老金对收入越低的农户,重要性越大,而对收入越高的农户,重要性越低。

表 3.5　全国按照收入等级分组的新农保制度基础养老金替代率(2009—2013 年)

年份	低收入户(%)	中等偏下户(%)	中等收入户(%)	中等偏上户(%)	高收入户(%)
2009	44.01	22.49	15.70	11.13	5.85
2010	42.60	21.22	14.66	10.20	5.36
2011	35.30	18.23	12.64	8.87	4.70
2012	32.99	15.51	10.63	7.42	3.93
2013	28.49	13.73	9.37	6.51	3.47

数据来源:根据历年统计年鉴和本书测算得出。

(3)东部地区的新农保制度基础养老金替代率最低,并且低于全国水平;
从低往高,依次是东北地区、中部地区和西部地区

分析东、中、西、东北地区的新农保制度基础养老金替代率(表3.6),可以
发现东部地区的基础养老金替代率最低,2009年为10％,到2013年已经降到
6.1％,其次是东北地区、中部地区,最高的西部地区即使在2009年也未超过
20％的水平。与全国的新农保制度基础养老金替代率相比较,只有东部地区
的基础养老金替代率是低于全国水平的,这恰恰说明东部地区的农民人均纯
收入高于全国水平;如果要维持与全国同样的基础养老金替代率,需要更高的
基础养老金水平才行。

表3.6   分区域的新农保制度基础养老金替代率(2009—2013年)

年份	全国(%)	东部地区(%)	中部地区(%)	西部地区(%)	东北地区(%)
2009	13.86	10.00	14.82	18.76	12.94
2010	12.81	9.22	13.77	17.29	12.10
2011	11.15	8.11	11.98	14.94	10.26
2012	9.46	6.89	10.11	12.58	8.47
2013	8.34	6.10	8.88	10.95	7.46

数据来源:本书测算得出。

综上,从新农保制度全国统一的55元/月的标准看,基础养老金替代率偏
低,低于企业职工的基础养老金20％的要求,城乡差距较大。从收入分组情况
看,基础养老金对于收入越低的农民越重要,基础养老金替代率也越高。从全
国各地区来看,西部地区由于经济相对不太发达,农民人均纯收入相对较低,
因此其基础养老金替代率在各个地区中最高。与之相反,东部地区的基础养
老金替代率最低,并且低于全国水平。从低往高,依次是东北地区、中部地区
和西部地区。

此外,值得关注的问题有两个:①虽然新农保制度基础养老金全国水平还
没有调整,但是地方政府可以根据实际情况提高基础养老金标准。事实上,在
试行时,就已经有不少省市直接在55元/月的标准上提高了,而且之后几年,

不少省、直辖市已经调整，甚至多次调整，因此需要进一步进行分析调整后的基础养老金水平及其替代率，以及对地方财政负担的影响。②全国新农保制度试点方案中对于长期缴费的农村居民，可适当加发基础养老金，这使得基础养老金和缴费相联系，成了鼓励缴费参保的一项措施，并且会提高基础养老金替代率。

3.3.4 地方基础养老金替代率现状分析——以浙江省为例

由于各地调整基础养老金的差异比较大，而基础养老金替代率水平普遍较低，为了更好地分析调整基础养老金以及激励措施的作用，选取东部地区的浙江省为例。原因如下：①由于浙江省处于东部地区，经济发展水平较高，农民人均纯收入也高，而东部地区是调整前基础养老金替代率水平最低的地区，更容易看出调整养老金的作用；②尽管浙江省经济发展水平较高，但是中央财政对农保制度支持力度比较小，人口老龄化又比较严重，更需要有一套相对科学的指标体系和目标约束值来控制养老金支出的财政风险；③浙江城乡居民养老保险制度（该制度是在新农保制度的基础上纳入了部分没有社会养老保险的城镇居民，以下简称"城乡居保"）的建设和推行也在前列，并在 2010 年全省已经实现了制度全覆盖，制度发展基础比较好，有利于建立系统性的实施细则。综上，以浙江省为例有一定的代表性和前瞻性意义。

(1)浙江省城乡养老保险制度基础养老金分析

浙江省城乡养老保险制度从制度实施日起，就比全国新农保制度试点方案中规定的每月 55 元基础养老金要多 5 元，为每月 60 元，每年合计 720 元。2011 年 7 月 1 日起开始第一次调整，在原基础上每月涨 6 元，为每月 66 元，每年合计 792 元。2012 年 6 月 1 日起开始第二次调整，在前次基础上每月涨 14 元，为每月 80 元，每年合计 960 元。第三次调整于 2014 年 1 月 1 日开始，每月涨至 100 元，每年合计 1200 元(表 3.7)。

表 3.7　浙江省城乡居保基础养老金及其调整情况（2010—2014 年）

浙江省每月基础养老金（元）	调整情况（元）	比上一次调整幅度（%）	比全国新农保上涨幅度（%）	调整时间
60	5①		9.09	2010.01.01—2011.06.30
66	6	10.00	20.00	2011.07.01—2012.05.31
80	14	21.21	45.45	2012.06.01—2013.12.31
100	20	25.00	81.82	2014.01.01

数据来源：根据浙江省城乡居保制度实施情况整理和本书测算得出。

　　浙江省城乡居保的基础养老金从制度实施至今，已经相继调整 3 次，加上实施日开始就比全国新农保的基础养老金每月多 5 元，共上涨 4 次。到 2013 年年底，已比全国新农保制度的基础养老金每月 55 元上涨 45.45%；到 2014 年年初，已上涨 81.82%。从绝对基础养老金看，浙江省城居保基础养老金的数额已经比全国新农保制度的基础养老金数额有了大幅提高，但是比起北京、上海等直辖市还有一定的差距。

　　要注意的是，虽然浙江省的绝对基础养老金数额比全国的高，但是浙江省的农民人均纯收入也比全国的高，而基础养老金替代率是相对指标，需要做进一步的分析。

　　（2）浙江省农民人均纯收入分析

　　1）浙江省农民人均纯收入在持续上涨，位居全国第三，但是年增速落后于全国

　　到 2012 年年底，浙江省的农民人均纯收入已经达到 14551.9 元，比全国农民人均纯收入 7916.6 元高 6635.3 元，位列全国第三，仅次于上海市和北京市。从 2008 年到 2012 年，浙江省农民人均纯收入平均年增长率为 12%，但是落后于全国农民人均纯收入 13.61% 的增速（表 3.8）。

　　2）浙江省农民人均纯收入构成不同于全国，以工资性收入为主，但是增长最快的是转移性收入

---

　　①　浙江省城乡居保制度的基础养老金每月 60 元比全国新农保制度的 55 元多 5 元。

表 3.8 浙江省农民人均纯收入构成(2008—2012 年)

年份	农民人均纯收入(元)	工资性收入(元)	家庭经营纯收入(元)	财产性收入(元)	转移性收入(元)
2008	9257.9	4587.4	3762.9	437.5	470.0
2009	10007.3	5090.2	3869.6	487.9	559.7
2010	11302.6	5822.5	4307.1	525.4	647.6
2011	13070.7	6721.3	4981.8	555.7	811.9
2012	14551.9	7678.2	5291.4	588.5	993.8
平均年增长率	12.00%	13.76%	9.01%	7.72%	20.64%

数据来源:根据历年统计年鉴和本书测算得出。

再看浙江省农村居民纯收入构成(图 3.1),到 2012 年,占比最多的部分是工资性收入,高达 52.76%;其次是家庭经营纯收入,占到 36.36%;再是转移性收入和财产性收入。与此同时,从平均年增长率看,增长最快的是转移性收入。从快到慢,依次是工资性收入、家庭经营纯收入和财产性收入。

比较全国和浙江省农村居民收入构成(图 3.1)可以发现,浙江省的与全国大相径庭。浙江省这几年都以工资性收入为主,和浙江省农村居民务工为主的实际情况有关,而在全国,虽然工资性收入上涨,但是家庭经营收入所占比例仍然更大一些。在年增长情况上,全国和浙江省都以转移性收入增长最快,增长率也相似,都在 20% 左右,其次是工资性收入增长。从转移性收入来看,全国和浙江省在这方面高速增长,结合这几年城镇化、农村居民外出务工增加、有了全国统一的新农保养老金等多种因素,可能是由于在外人口寄回和带回、退休金、土地征用补偿收入这三部分原因。

3)浙江省农民人均纯收入按收入等级分组,收入越高,增长越快,同全国的变化类似

浙江省农民人均纯收入按照收入等级分组,收入越高,增长越快(表 3.9)。和全国相比,变化类似,有共同点:低收入户平均年增长率是最低的,高收入户和中等偏上户是增长最快的两组。但是浙江省的低收入户增长率仅 10.33%,低于全国低收入户的 11.69%。同时,其他组的年增长率也都低于全国的各组水平。

(a)

(b)

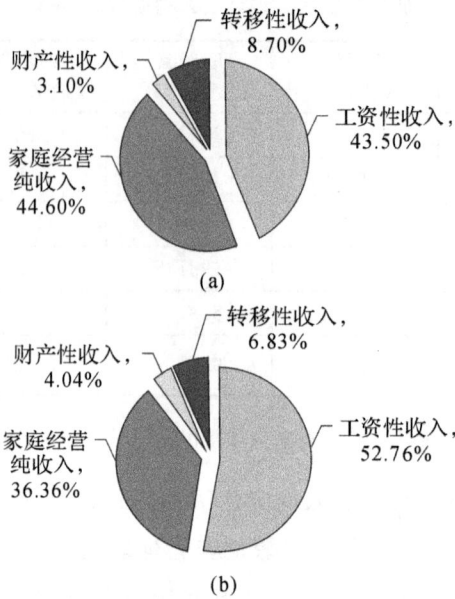

图 3.1   (a)全国和(b)浙江省农村居民纯收入构成对比(2012 年)

注:数据加和不为 100%是由于四舍五入。

表 3.9   浙江省按照收入等级分组的农民人均纯收入(2008—2012 年)

年份	低收入户 （元）	中等偏下户 （元）	中等收入户 （元）	中等偏上户 （元）	高收入户 （元）
2008	2766	5879	8325	11273	19819
2009	2988	6374	8963	12139	21473
2010	3391	6897	9930	13626	24661
2011	3687	8111	11582	15814	28404
2012	4096	8725	12700	17714	31483
平均年 增长率	10.33%	10.45%	11.19%	12.00%	12.30%

数据来源:根据历年统计年鉴和本书测算得出。

（3）浙江省城乡居保基础养老金替代率

1）调整提高基础养老金，提高了基础养老金替代率

到 2014 年年初，浙江省城乡居保制度的基础养老金经过 3 次调整，4 次上涨，基础养老金替代率的变化也有一定的起伏（表 3.10）。在第一次调整之前，即从 2009 年到 2011 年 6 月 30 日前，从 7.78% 下降到 6.37%，与全国新农保制度养老金的替代率变化相似。当基础养老金不变，随着农民人均纯收入的上升，养老金替代率持续下降。随着之后的三次调整，养老金替代率在每次调整的自然年度内有所上升，但是由于调整的时间点并没有和自然年度相吻合，而农民人均纯收入是年度数据，所以在两次调整时间点之间，在跨自然年度时，就出现了上下波动的情况。明显的是，每上调一次基础养老金，当调整的幅度大于农民人均纯收入的上涨幅度时，基础养老金替代率就提高一点。如第二次调整后的 7.34% 大于第一次调整后的 7.01%，第三次调整后的 7.45% 大于第二次调整后的 7.34%。

表 3.10　浙江省城乡居保制度基础养老金替代率比较（2009—2014 年）

年份	基础养老金（元）	上年农民人均纯收入（元）	基础养老金替代率（%）
2009	720	9257.9	7.78
2010	720	10007.3	7.19
2011.01.01—2011.06.30	720	11302.6	6.37
2011.07.01—2011.12.31	792（第一次调整）	11302.6	7.01
2012.01.01—2012.05.31	792	13070.7	6.06
2012.06.01—2012.12.31	960（第二次调整）	13070.7	7.34
2013.01.01—2013.12.31	960	14551.9	6.60
2014.01.01—	1200（第三次调整）	16106.0	7.45

数据来源：根据历年统计年鉴和本书测算得出。

2)2014 年之前,浙江省城乡居保制度基础养老金替代率低于全国新农保制度的基础养老金替代率,但是比较稳定

虽然浙江省城乡居保制度的基础养老金比全国的高,并且经过了 3 次调整,但是浙江省城乡居保制度基础养老金替代率还是低于全国新农保制度的,这说明浙江省城乡居保制度的基础养老金对应了比较高的农民人均纯收入,造成比较低的基础养老金替代率。从图 3.2 可以看到,在调整后,浙江省的基础养老金替代率与全国的差距在逐渐缩小。直到 2014年年初,浙江省基础养老金替代率 7.45% 已经超过了全国的 7.42%。总体上看,在经过调整之后,浙江省基础养老金替代率水平比较稳定,没有出现大幅度的下滑。

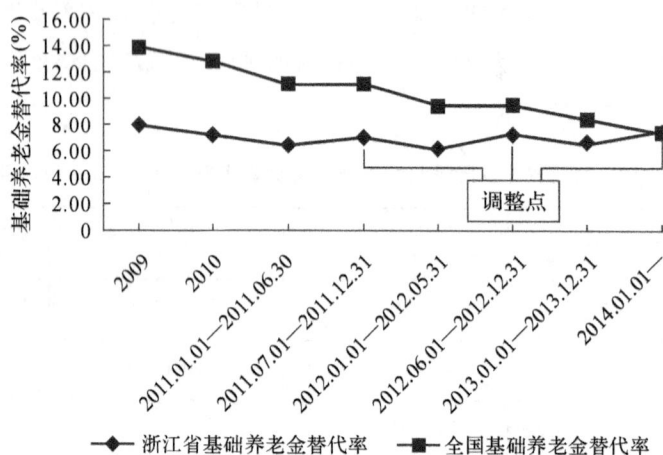

图 3.2　全国和浙江省农村基础养老金替代率(2009—2014 年)

3)从收入等级分组看,浙江省农村低收入户的基础养老金替代率在各收入等级中也是最高,但是低于全国水平

和全国类似,五个收入等级户中,浙江省低收入户的基础养老金替代率最高,到 2013 年达到 23.44%,也超过了制度规定中企业职工 20% 的水平(表 3.11)。基础养老金替代率随着收入的提高而下降,2013 年高收入户的基础养老金替代率仅为 3.05%。从各收入等级分组看,浙江省和全国的基础替代率综合对比,浙江省要低于全国水平。

表 3.11　浙江省按照收入等级分组的城乡居保制度基础养老金替代率(2009—2013 年)

年　份	低收入户 (%)	中等偏下户 (%)	中等收入户 (%)	中等偏上户 (%)	高收入户 (%)
2009	26.03	12.25	8.65	6.39	3.63
2010	24.10	11.34	8.03	5.93	3.35
2011.01.01—2011.06.30	21.23	10.44	7.25	5.28	2.92
2011.07.01—2011.12.31	23.36	11.48	7.98	5.81	3.21
2012.01.01—2012.05.31	21.48	9.76	6.84	5.01	2.79
2012.06.01—2012.12.31	26.04	11.84	8.29	6.07	3.38
2013.01.01—2013.12.31	23.44	11.00	7.56	5.42	3.05

数据来源:本书测算得出。

综上,虽然从绝对基础养老金看,浙江省城居保基础养老金的数额已经比全国新农保制度的有了大幅度提高,但是由于浙江省的农民人均纯收入也比全国高出不少,而基础养老金替代率是相对指标,在 2014 年之前,总体上浙江省城乡居保制度基础养老金替代率低于全国新农保制度的。浙江省调整提高基础养老金,与其逐年提高的农民人均纯收入水平相比幅度相似,这样虽然没有提高基础养老金替代率,但是至少稳定在 6%～8% 的区间内。从收入等级分组看,浙江省基础养老金替代率水平发展和全国类似,随着收入的提高而下降,低收入户的基础养老金替代率在各收入分组中为最高。

此外,通过浙江省城乡居保制度和全国新农保制度基础养老金替代率的对比,还说明两个问题:①基础替代率水平全国和浙江省都比较低,还需要进一步提高,减少城乡差距。各个地区的收入替代率不能一刀切,一视同仁,需要依据国家和省市农村居民的收入水平、消费水平、财力等量力而行。②当人均收入逐步提高时,收入替代率不能静止不变,需要动态变化,有可能需要随着人均收入提高而适当降低原有的替代率。在全国经济比较发达的地区,农民人均纯收入比较高,而一味追求较高的养老金替代率,不仅会加大地方财政压力,还可能造成更大的地区差异。

3.4 新农保个人账户养老金替代率现状分析

3.4.1　基于精算平衡的个人账户替代率基本模型

(1)基于精算平衡模型的个人账户测算模型

由于个人账户属于完全积累制,遵循的是基金平衡法则,即个人账户在缴费期内的积累,包括个人缴费、政府补贴及相关利息等,需要能够支付个人退休后的养老金。这就意味着在一定试点上累计的社会保险费及其投资收益,能够以现值清偿未来的给付。

因此,根据该原理,可以列出以下公式。

1)养老保险个人账户的收入积累公式

Ⅰ.个人账户的收入积累一般公式

$$
\begin{aligned}
M_{收} &= CW(1+r)^m + CW(1+k)(1+r)^{m-1} + \cdots + CW(1+k)^{m-1}(1+r) \\
&= CW(1+r)\frac{(1+r)^m-(1+k)^m}{r-k}
\end{aligned}
\tag{3.2}
$$

其中,缴费基数为 W,增长率为 k,个人缴费与政府补贴合计缴费率为 C,参保年限为 m,收益率为 r。

当 $r=k$ 时,公式简化为:

$$
M_{收} = CWm(1+r)^m
\tag{3.3}
$$

Ⅱ.新农保个人账户的收入积累一般公式

根据新农保制度的特点,可以对式(3.2)进行改进。

由于中央确定的新农保制度中,个人缴费和政府补贴的缴费方式不同,也没有按照同一个缴费基数进行,因此,CW 可以进一步分解为个人缴费 C_iW_i 和政府补贴 $C'_jW'_j$,其中 i,j 为缴费的具体年份,数值范围为 $1,\cdots,m$。式(3.2)改写为:

$$
\begin{aligned}
M_{收} &= (C_1W_1 + C'_1W'_1)(1+r)^m + (C_2W_2 + C'_2W'_2)(1+k)(1+r)^{m-1} \\
&\quad + \cdots + (C_mW_m + C'_mW'_m)(1+k)^{m-1}(1+r)
\end{aligned}
$$

$$
\tag{3.4}
$$

式(3.4)为新农保制度养老金个人账户的收入积累一般公式。其中,个人缴费基数为 W_i ,个人缴费率为 C_i ,政府补贴缴费基数为 W'_j ,政府补贴缴费率为 C'_j 。式(3.4)中已经具体用数值 $1,\cdots,m$ 替换了 i,j 。

当个人缴费基数和个人缴费率、政府补贴缴费基数和政府补贴缴费率在 m 年内都相等时,即:

当 $C_1 = C_2 = \cdots = C_m$, $W_1 = W_2 = \cdots = W_m$, $C'_1 = C'_2 = \cdots = C'_m$, $W'_1 = W'_2 = \cdots = W'_m$ 时,即当 $C_1 W_1 + C'_1 W'_1 = C_2 W_2 + C'_2 W'_2 = \cdots = C_m W_m + C'_m W'_m$ 时,式(3.4)可简化为

$$
\begin{aligned}
M_{收} &= (CW + C'W')(1+r)\frac{(1+r)^m - (1+k)^m}{r-k} \\
&= (C_i W_i + C'_j W'_j)(1+r)\frac{(1+r)^m - (1+k)^m}{r-k}
\end{aligned}
\tag{3.5}
$$

Ⅲ. 按照中央试点方案的个人账户收入积累简化公式

在新农保制度一般性公式之后,考虑到中央确定的《新农保制度试点指导意见》中个人缴费、政府补贴和实际运行情况,可以进一步简化公式。

考虑到个人缴费是以 100 为缴费基数,因此,

$$W_i = 100, C_i = 1,2,\cdots,5$$

考虑到政府补贴为每人每年 30 元,因此,

$$C_j W_j = 30$$

考虑到这几年中央试点方案中个人缴费和政府补贴并没有增长,因此,

$$k = 0$$

把以上 3 式带入到式(3.5)中去,可以得到简化公式:

$$
M_{收} = (100C_i + 30)(1+r)\frac{(1+r)^m - 1}{r}
\tag{3.6}
$$

2)个人账户养老金的支出公式

按年养老金发放标准发放养老金时,个人账户养老金支出的计算如下:设养老金发放标准为 Q ,参保人员 60 岁后平均预期余命为 e_b 年,个人账户在领取期的积累利率为 r' 。养老金发放在年初进行,则有各年的养老金在平均余命期限 e_b 的期初现值为:

第一年养老金在 e_b 年期初的现值：Q

第二年养老金在 e_b 年期初的现值：$\dfrac{Q}{(1+r')}$

……

第 e_b 年养老金在 e_b 年期初的现值：$\dfrac{Q}{(1+r')^{e_b-1}}$

该参保人在 e_b 年限内各年养老金的现值之总和为：

$$
\begin{aligned}
M_{支} &= Q + \frac{Q}{1+r'} + \cdots + \frac{Q}{(1+r')^{e_b-1}} \\
&= \frac{(1+r')^{e_b}-1}{r'(1+r')^{e_b-1}} \cdot Q
\end{aligned}
\tag{3.7}
$$

在计算养老金替代率现状时，先不考虑 Q 根据通货膨胀调整的情况。

3）个人账户养老金精算平衡公式

Ⅰ.个人账户养老金精算平衡的一般公式

假设个人账户缴费为 m 年，支付为 e_b 年，则在第 m 年期末即为第 e_b-1 年期初，可以根据个人账户基金平衡做出以下假定：

$$
M_{收} = M_{支}
\tag{3.8}
$$

把式（3.2）、（3.4）和（3.6）代入式（3.8），得到

$$
CW(1+r)\frac{(1+r)^m-(1+k)^m}{r-k} = \frac{(1+r')^{e_b}-1}{r'(1+r')^{e_b-1}}Q
\tag{3.9}
$$

式（3.9）即为完全积累制的个人账户按基数比例缴费时个人账户养老金收支平衡的一般模型，其中运用的缴费基数一般为收入，这时个人缴费率一般小于1。也可以用新农保中央试点方案中的100元的最低起步基数，这时个人缴费率一般大于1。

Ⅱ.新农保个人账户养老金精算平衡的一般公式

把式（3.5）和（3.6）代入式（3.7），得到

$$
(CW+C'W')(1+r)\frac{(1+r)^m-(1+k)^m}{r-k} = \frac{(1+r')^{e_b}-1}{r'(1+r')^{e_b-1}}Q
\tag{3.10}
$$

式（3.10）即为完全积累制的个人账户按《新农保制度试点指导意见》个人账户养老金收支平衡的模型。需要注意的是，养老金发放标准 Q 在式（3.10）中是不调整的。

III. 按照中央试点方案的个人账户养老金精算平衡简化公式

按照《新农保制度试点指导意见》和新农保制度 2009 年末试点以来的实际运行情况,可以进一步得到以下简化公式:

$$(100C_i + 30)(1+r)\frac{(1+r)^m - 1}{r} = \frac{(1+r')^{e_b} - 1}{r'(1+r')^{e_b - 1}}Q \tag{3.11}$$

(2) 个人账户养老金替代率模型

1) 个人账户养老金替代率的基础模型

在基础养老金之外,假设个人账户每年可以领取一定的养老金,那么个人账户养老金替代率基本公式如下:

$$\rho_I = \frac{Q_t}{y_{t-1}} \tag{3.12}$$

其中,ρ_I 表示个人账户养老金替代率,个人账户在退休之后每一年的养老金发放标准为 Q_t,上一年农民人均纯收入为 y_{t-1},其中 I 代表个人账户,t 为个人账户养老金领取年份,t 的取值范围为 $1,\cdots,\text{ROUNDUP}(e_b,0)$。$e_b$ 为领取退休待遇时的预期余命。

2) 新农保个人账户养老金替代率的一般模型

假设个人账户每年可以领取的养老金是一样的,那么

当 $Q_t = Q$ 时,式(3.10)可以转化为:

$$Q_t = Q = \frac{(C_iW_i + C'_jW'_j)(1+r)((1+r)^m - (1+k)^m)r'(1+r')^{e_b - 1}}{(r-k)((1+r')^{e_b} - 1)} \tag{3.13}$$

当农民人均纯收入增长时,假设农民人均纯收入以每年 g 的增长率匀速增长,

$$y_{t-1} = y_0(1+g)^{t-1} \tag{3.14}$$

把式(3.13)和(3.14)代入式(3.12),得到新农保制度个人账户养老金替代率的一般公式:

$$\rho_I = \frac{(C_iW_i + C'_jW'_j)(1+r)((1+r)^m - (1+k)^m)r'(1+r')^{e_b - 1}}{(r-k)((1+r')^{e_b} - 1)y_0(1+g)^{t-1}} \tag{3.15}$$

当缴费基数 W_i 和 W'_j 都以农民人均纯收入为基数时,可以把现行的缴费

档次换算成按照上年农民人均纯收入乘以缴费率。由于在式(3.4)中已经假设 $C_1 = C_2 = \cdots = C_m$，$W_1 = W_2 = \cdots = W_m$，$C'_1 = C'_2 = \cdots = C'_m$，$W'_1 = W'_2 = \cdots = W'_m$，即 $C_1 W_1 + C'_1 W'_1 = C_2 W_2 + C'_2 W'_2 = \cdots = C_m W_m + C'_m W'_m$，因此，继续假设当 $g = 0$ 时，

即：

$$C_i W_i = C_i y_{t-1}$$

其中，C_i 为按照农民人均纯收入换算的个人缴费率。

$$C'_j W'_j = C'_j y'_{t-1}$$

其中，C'_j 为按照农民人均纯收入换算的政府补贴率。

3)按照中央试点方案的个人账户养老金替代率简化模型

把式(3.11)和(3.14)代入式(3.12)，得到按照中央试点方案的个人账户养老金替代率简化公式：

$$\rho_I = \frac{(100C_i + 30)(1+r)((1+r)^m - 1)r'(1+r')^{e_b-1}}{r((1+r')^{e_b} - 1)y_0(1+g)^{t-1}} \qquad (3.16)$$

3.4.2　国家新农保制度个人账户养老金替代率测算

(1)假设

根据《新农保制度试点指导意见》中关于个人账户的相关规定，结合缴费和待遇水平的测算，做出以下假设：

1)假设一个农村居民从 45 周岁开始缴费，并且连续缴费满 15 年，一直缴到 60 周岁，然后开始领取养老金[①]；

2)假设缴纳进个人账户的养老金按照年 2.5%～5.0% 的收益增长，并从不同的收益率来看不同待遇时个人账户的积累情况[②]；

3)假设个人缴费标准严格按照《新农保试点指导意见》执行，为每年 100 元、200 元、300 元、400 元、500 元 5 个档次；

---

① 选取 15 年的最低缴费时间和 45 周岁开始的缴费年龄，出于两个原因，一是由于参保对象的年龄阶段跨度很大，为了便于测算缴费和待遇；二是考虑到新农保制度是自愿性的，越接近领取年龄缴费意愿越强。

② 2.5%～5.0% 的区间参考的是可能波动的一年期存款利率。

4)计发月数按照《新农保试点指导意见》为139；

5)参保人缴费期间，政府补贴标准为每人每年30元。

（2）国家新农保制度个人账户养老金替代率现状测算

根据国家新农保制度统一方案，从2009年到2013年底个人缴费和政府补贴都没有进行调整，因此，测算个人账户养老金替代率时就按照实际情况进行。

1)个人账户养老金收入累计

根据上述假设，以一个从45周岁开始缴费的农村居民为例，假设其连续缴费满15年，刚好到60周岁开始领取养老金。按国家新农保制度统一方案[①]，以年收益率2.5%、4%、5%三种低、中、高方案[②]来测算个人缴费期间的投资收益（表3.12）。

表3.12 国家新农保制度统一方案下个人账户养老金积累额

（缴费年数：15年）

缴费档次（元）	每年政府补贴（元）	积累额（元）		
		收益率2.5%	收益率4%	收益率5%
100	30	22607.68	25614.17	27868.71
200	30	44663.95	50603.61	55057.70
300	30	66720.22	75593.05	82246.70
400	30	88776.49	100582.50	109435.70
500	30	110832.80	125571.90	136624.70

数据来源：本书测算得出。

2)个人账户养老金支出

根据上述假设，从60周岁开始领取养老金，计发月数为139，未发放完的养老金仍然按照收益率2.5%、4%、5%三种低、中、高方案来测算投资收益（表3.13）。

---

① 根据国家新农保制度框架中提到的进口补贴30元/年和基础养老金55元/月的最低水平起步，以统一的139计发月数，根据精算平衡公式的个人账户算法，测算个人账户所能达到的待遇水平。

② 之所以采用2.5%、4%和5%三档不同的收益率，是因为按照国家新农保试点《指导意见》，个人账户储存额目前每年参考中国人民银行公布的金融机构人民币一年期存款利率计息，根据近年来的利率走势，2.5%大约为低利率水平，5%可作为较高利率水平，再取4%作为中等利率水平。

表 3.13　国家新农保制度统一方案下个人账户下养老金年领取待遇

(计发月数:139)

缴费档次 (元)	年领取养老金(元)		
	收益率 2.5%	收益率 4%	收益率 5%
100	2216.67	2698.24	3073.89
200	4379.28	5330.67	6072.81
300	6541.88	7963.11	9071.73
400	8704.49	10595.54	12070.65
500	10867.09	13227.97	15069.57

数据来源:本书测算得出。

3)农村居民人均纯收入预测

由于新农保制度是从 2009 年底开始试行,因此,如果以一个 45 周岁的农村居民从 2010 年开始缴费来算,按照 15 年的缴费周期,要到 2025 年初开始领取养老金。因此,需要预测 2014 年到 2025 年的农民人均纯收入。

Ⅰ.采用 GM(1,1)灰色预测模型进行预测

灰色模型(Grey Models,简称 GM)是通过少量的、不完全的信息,建立灰色微分预测模型,对事物发展规律做出模糊性的长期描述。该理论由邓聚龙教授在 1982 年提出并应用。由于影响农村居民人均收入的因素众多,比较复杂,但是符合"部分信息已知,部分信息未知"的不确定性特征,因此可以利用灰色系统的预测方法对农村居民人均纯收入进行预测。

灰色模型基本原理公式(张刚伟和谢和宾,2012)如下:

①首先设时间序列 $X^{(0)}$ 有 n 个观察值,

$$X^{(0)} = \{X^{(0)}(1), X^{(0)}(2), \cdots, X^{(0)}(n)\}$$

$X^{(1)}(t)$ 为累加生成序列,即: $X^{(1)}(t) = \sum_{m=1}^{t} X^{(1)}(m)$, $t = 1, 2, \cdots, n$

②其次,GM(1,1)模型相应的微分方程为:

$$\frac{\mathrm{d}x^{(1)}}{\mathrm{d}t} + ax^{(1)} = \mu$$

其中,a 为辨识参数,也称为发展系数,μ 为待辨识内生变量。

③灰色预测的离散时间响应函数为：

$$x^{(1)}(t+1) = \left\{ x^{(0)}(1) - \frac{\mu}{a} \right\} \times e^{-a} + \frac{\mu}{a}$$

将累加的预测值 $x^{(1)}(t+1)$ 还原，可得：

$$\hat{X}^{(0)}(t+1) = \hat{X}^{(1)}(t+1) - \hat{X}^{(1)}(t) \quad (t = 1,2,\cdots,n)$$

根据以上原理，运用历年全国农村居民人均纯收入数据，可以预测后期的农村居民人均纯收入情况。

Ⅱ. 分别采用 1978—2013 年和 2004—2013 年的全国农村居民人均纯收入数据[①]，预测出 2014—2037 年的农村居民人均纯收入

首先，采用 1978—2013 年的全国农村居民人均纯收入数据，预测出 2014—2037 年的农民人均纯收入。

其次，采用 2004—2013 年的全国农村居民人均纯收入数据，预测出 2014—2037 年的农民人均纯收入。根据图 3.3 中 1978—2013 年的农村居民纯收入比上年的名义增长情况可以看出，20 世纪 90 年代农民人均纯收入的增长情况有大幅度的波动，1994 年的增长率达到高峰，高达 32.94%；由于亚洲金融危机的影响，1998—2003 年的增长率基本都在 5% 以下徘徊，2000 年的增长率位于历史低谷，才 1.95%，之后开始慢慢回升。从 2004 年开始，增长率重新回到 10% 以上。从整体发展态势来看，2004—2013 年的发展明显更加平稳，运用该阶段数据进行预测更能反映阶段趋势。

对比以上用两种基础数据预测出来的农村居民人均纯收入，共同点是农村居民人均纯收入都在不断增加，不同点是运用 1978—2013 年的基础数据预测的农村居民人均纯收入数值要低于用 2004—2013 年的基础数据预测的数值，因此把前者的预测称为"低方案"（表 3.14），把后者的预测称为"高方案"（表 3.15）。其中，误差概率小于 2%，模型处于一级精度。

---

① 之所以采用 2004—2013 年的数据，是在观测了 2000 年及其以后的数据，发现 2000—2003 年的农民人均纯收入的名义年增长率才 5.18%，2004 年开始有大幅度提高，同比增长 11.98%，而 2004—2013 年的农民人均纯收入的名义年增长率达到 13.03%。结合产业经济发展、城镇化发展趋势以及政府对农村的扶持政策等，农村居民人均纯收入在今后会保持高速增长，因此，作者认为 2004 年之后的数据更能显示出这一波农村居民收入的发展态势。

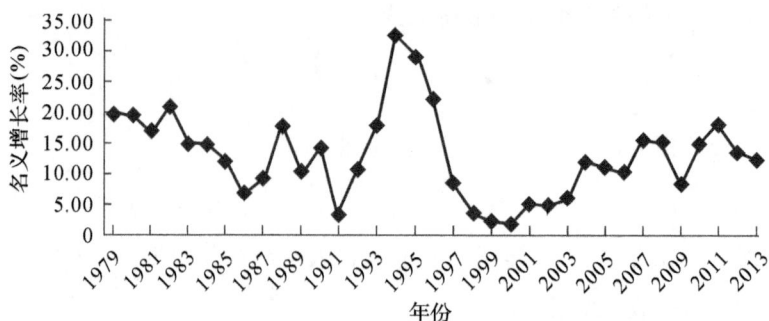

图 3.3　农村居民纯收入比上年名义增长情况(1978—2013 年)

表 3.14　全国农村居民人均纯收入预测低方案(2014—2037 年)

(运用基础数据：1978—2013 年)

年份	人均收入(元)	年份	人均收入(元)	年份	人均收入(元)
2014	9334.82	2022	21880.37	2030	51286.52
2015	10383.64	2023	24338.74	2031	57048.83
2016	11550.30	2024	27073.33	2032	63458.58
2017	12848.03	2025	27073.33	2033	70588.50
2018	14291.58	2026	33498.77	2034	78519.50
2019	14291.58	2027	37262.54	2035	87341.59
2020	17683.47	2028	41449.19	2036	97154.89
2021	19670.30	2029	46106.23	2037	108070.77

数据来源:本书测算得出。

表 3.15　全国农村居民人均纯收入预测高方案(2014—2037 年)

(运用基础数据：2004—2013 年)

年份	人均收入(元)	年份	人均收入(元)	年份	人均收入(元)
2014	10108.69	2022	28362.35	2030	79577.41
2015	11500.07	2023	32266.23	2031	90530.67
2016	13082.98	2024	36707.44	2032	102991.57
2017	14883.75	2025	41759.96	2033	117167.63

续　表

年份	人均收入（元）	年份	人均收入（元）	年份	人均收入（元）
2018	16932.40	2026	47507.92	2034	133294.92
2019	19263.02	2027	54047.05	2035	151642.01
2020	21914.44	2028	61486.24	2036	172514.45
2021	24930.80	2029	69949.38	2037	196259.84

数据来源：本书测算得出。

4）个人账户养老金替代率测算

假设一个45周岁农村居民从2010年初开始缴费15年，缴费档次和标准不变，每年享受30元的政府补贴直到2024年缴费结束，2025年开始领取养老金。因此，选取前面预测的以国家新农保方案计算出来的个人账户养老金替代率如表3.16所示。分析表3.16，可以得到以下初步结论。

表 3.16　国家新农保方案个人账户养老金替代率

（政府补贴：30元/年；缴费年数：15年；计发月数：139）

缴费档次	农民人均纯收入预测方案	个人账户养老金替代率		
		收益率2.5%	收益率4%	收益率5%
100 元	低方案	0.78%	0.95%	1.08%
	高方案	0.56%	0.68%	0.78%
200 元	低方案	1.38%	1.68%	1.91%
	高方案	0.99%	1.21%	1.38%
300 元	低方案	1.97%	2.40%	2.74%
	高方案	1.42%	1.73%	1.97%
400 元	低方案	2.57%	3.13%	3.57%
	高方案	1.86%	2.26%	2.57%
500 元	低方案	3.17%	3.86%	4.40%
	高方案	2.29%	2.78%	3.17%

数据来源：本书测算得出。

①个人账户养老金替代率非常低,即使选择高缴费档次和获得高的投资收益,替代率最高未超过 5%,而选择最低缴费档次和获得低的投资收益,连 1% 都尚未达到。

从表 3.16 可以看出,个人账户养老金替代率比较低,即使每年选择缴费 500 元这一最高档次,在年收益率高达 5% 的情况下,个人账户积累额与低方案的农民人均纯收入的比值(即个人账户养老金替代率)才 4.4%,但这已经是综合缴费档次和收益率后的最高水平,仍远远低于 20% 的规定;相比之下,如果每年选择缴费 100 元这一最低档次,在年收益率 2.5% 的情况下,个人账户养老金替代率仅为 0.78%。个人账户养老金替代率测算结果表明,仅仅依靠目前的方案,将来的养老金水平会相当低。

②在没有上调缴费标准时,个人账户养老金替代率呈现持续下降趋势,即使在 500 元的最高缴费档次下,到个人 72 岁左右,仅为 1.0%~1.5%。

由于表 3.16 只是计算了 2025 年这一年的个人账户养老金替代率,继续分析该农村居民在 60 周岁以后生存年间的个人账户替代率。由于 5 个缴费档次计算出来的趋势会类似,因此选取 500 元缴费档次,并用低方案的农民人均纯收入作为比值,得到个人账户替代率动态发展趋势预测图,年份为 2025—2036 年(图 3.4)。之所以到 2036 年,是由于现行的计发月数为 139,折算成年份为 11 年零 7 个月,大约为 12 年。很显然,在没有上调缴费标准时,个人账户替代率呈现持续下降趋势,最终仅为 1.0%~1.5%。

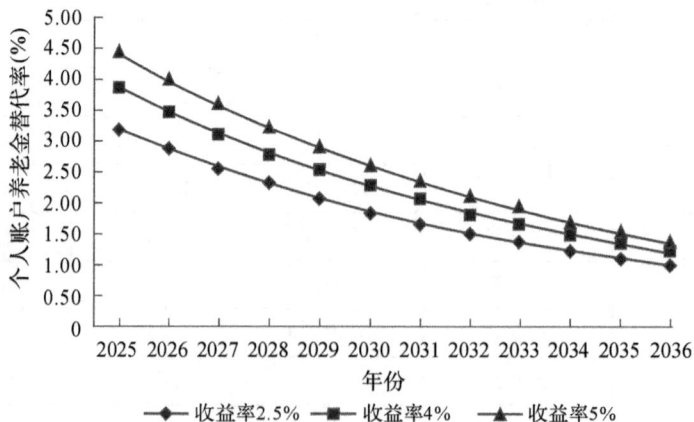

（500 元缴费档次、139 计发月数）

图 3.4   500 元缴费档次下个人账户养老金替代率动态发展趋势预测(2025—2036 年)

③从收入等级分组看,低收入户的个人账户养老金替代率仍然偏低。

根据之前表 3.5 所分析出来的,新农保的基础养老金对收入越低的农户重要性越大,而对收入越高的农户重要性越低,因此专门分析低收入户的个人账户养老金替代率。根据图 3.5 可以看到,虽然低收入户的个人账户养老金替代率有所上升,但是仍然偏低。即使是在 500 元的缴费档次下,到 2036 年该农村居民 72 岁左右时,在 5% 的高收益率下替代率仍然低于 5%。而且由于是低收入户,缴费的选择很大程度上将会是 100 元的最低档次,那就意味着个人账户养老金替代率将为 0.75%~1.04%。

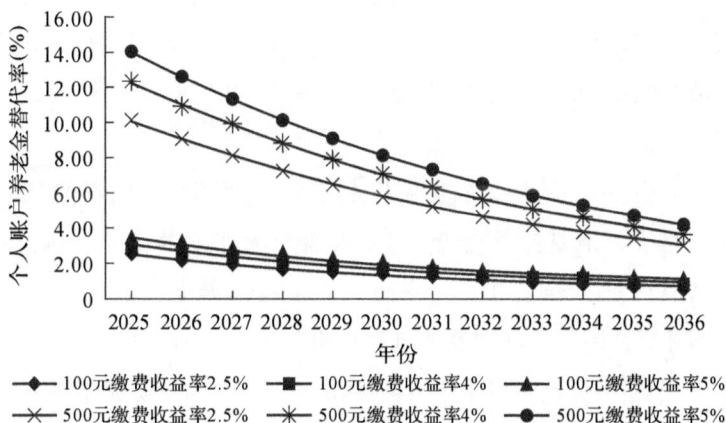

(100 元缴费档次和 500 元缴费档次、139 计发月数、低收入户)

图 3.5 低收入户个人账户养老金替代率动态发展预测(2025—2036 年)

3.5 新型农村养老保险制度社会养老金替代率综合分析

3.5.1 新型农村养老保险制度社会养老金替代率测算

(1)测算基本模型

由于前面基础养老金替代率和个人账户养老金替代率是分开单独测算的,不能看出新农保制度的总的社会养老金替代率。在此,把基础养老金替代

率和个人账户养老金替代率进行加总测算,即可以把式(3.1)和(3.12)进行加总:

$$\rho = \rho_B + \rho_I = \frac{p_t}{y_{t-1}} + \frac{Q_t}{y_{t-1}} = \frac{p_t + Q_t}{y_{t-1}} \tag{3.17}$$

其中,ρ为社会养老金替代率。

（2）分人群测算结果

但是在加总时,要注意到时间差异的问题。由于基础养老金是政府财政支出,当年拨付发放,测算时没有缴费年限,而个人账户养老金有至少15年的期限,因此需要把时间差平衡好。在此,需要根据新农保《指导意见》中的领取年龄、缴费年限等分人群进行测算。邓大松和薛惠元(2010)按照制度实施时的领取年龄和缴费年限等,划分了"老人"、"中人"和"新人"三种人群。本书也采用此划分法。

三种人群中,第一种是新农保制度实施时,已经满60周岁的"老人"可以不用缴费而直接领取基础养老金,但是没有个人账户养老金。因此,这一类"老人"的新农保社会养老金替代率测算即是基础养老金替代率。具体见表3.4中的全国新农保制度基础养老金替代率(2009—2013年)。

第二种是新农保制度实施时,年龄为46~59岁、缴费年限小于15年的"中人",这类人群基础养老金和个人账户养老金都有,其个人账户养老金可能在缴费上小于15年,积累额会少一些,但是新农保制度允许"中人"补缴保险费。在测算这类人群的社会养老金替代率时,本书为体现近几年新农保制度的保障作用,假设了"中人"方案:农村居民在2010年年满59周岁,允许一次性补缴个人缴费,2011年开始领取个人账户养老金。在补缴费用过程中,原定的缴费期内的积累收益就没有了。而对于政府原定的进口补贴每年30元,为了看出该进口补贴的保障作用,分别测算了没有该补贴和有该补贴的社会养老金替代率方案。测算结果见表3.17。

表 3.17 国家新农保方案社会养老金替代率

（政府补贴:30 元/年;缴费年数:15 年;计发月数:139。2010 年个人缴费补缴足 15 年,2011 年领取养老金）

缴费档次	政府进口补贴每年 30 元	社会养老金替代率（基础养老金替代率＋个人账户养老金替代率）		
		收益率 2.5%	收益率 4%	收益率 5%
100 元	无	13.26%（11.15%＋2.11%）	13.41%（11.15%＋2.26%）	13.52%（11.15%＋2.37%）
	有	13.89%（11.15%＋2.74%）	14.09%（11.15%＋2.94%）	14.23%（11.15%＋3.08%）
200 元	无	15.37%（11.15%＋2.19%）	15.68%（11.15%＋2.19%）	15.89%（11.15%＋2.19%）
	有	16.00%（11.15%＋4.85%）	16.36%（11.15%＋5.21%）	16.60%（11.15%＋5.45%）
300 元	无	17.47%（11.15%＋6.32%）	17.94%（11.15%＋6.79%）	18.26%（11.15%＋7.11%）
	有	18.11%（11.15%＋6.96%）	18.62%（11.15%＋7.47%）	18.97%（11.15%＋7.83%）
400 元	无	19.58%（11.15%＋8.43%）	20.21%（11.15%＋9.06%）	20.63%（11.15%＋9.48%）
	有	20.21%（11.15%＋9.06%）	20.89%（11.15%＋9.74%）	21.35%（11.15%＋10.20%）
500 元	无	21.69%（11.15%＋10.54%）	22.47%（11.15%＋11.32%）	23.01%（11.15%＋11.86%）
	有	22.32%（11.15%＋11.17%）	23.15%（11.15%＋12.00%）	23.72%（11.15%＋12.57%）

数据来源:本书测算得出。

　　第三种是新农保制度实施时,年龄在 45 岁及以下、缴费年限等于 15 年及以上的“新人”,这类人群也是基础养老金和个人账户养老金都有,但是个人账户养老金在缴费上至少要等于 15 年,积累额会完全按照制度要求来进行。为了测算这类人群的社会养老金替代率,本书假设了“新人”方案:农村居民在 2010 年满 45 周岁,个人按年缴费,2025 年满 60 周岁开始领取养老金。此时,政府补贴每年 30 元是肯定有的,但是涉及农民人均纯收入的预测。本书沿用前述探讨个人账户替代率时所采用的 1978—2013 年和 2004—2013 年两种基

础数据作为农民人均纯收入的低方案和高方案，以此作为社会养老金替代率
测算的基数。测算结果见表 3.18。

表 3.18 国家新农保方案社会养老金替代率

（政府补贴：30 元/年；缴费年数：15 年；计发月数：139。2010—2024 年个人缴费满
15 年，2025 年领取养老金）

缴费档次	农民人均纯收入预测方案	社会养老金替代率（基础养老金替代率＋个人账户养老金替代率）		
		收益率 2.5%	收益率 4%	收益率 5%
100 元	低方案	2.97% (2.19%＋0.78%)	3.14% (2.19%＋0.95%)	3.27% (2.19%＋1.08%)
	高方案	2.14% (1.58%＋0.56%)	2.26% (1.58%＋0.68%)	2.36% (1.58%＋0.78%)
200 元	低方案	3.57% (2.19%＋1.38%)	3.87% (2.19%＋1.68%)	4.10% (2.19%＋1.91%)
	高方案	2.57% (1.58%＋0.99%)	2.79% (1.58%＋1.21%)	2.96% (1.58%＋1.38%)
300 元	低方案	4.17% (2.19%＋1.97%)	4.60% (2.19%＋2.40%)	4.93% (2.19%＋2.74%)
	高方案	3.00% (1.58%＋1.42%)	3.31% (1.58%＋1.73%)	3.56% (1.58%＋1.97%)
400 元	低方案	4.76% (2.19%＋2.57%)	5.32% (2.19%＋3.13%)	5.76% (2.19%＋3.57%)
	高方案	3.44% (1.58%＋1.86%)	3.84% (1.58%＋2.26%)	4.15% (1.58%＋2.57%)
500 元	低方案	5.36% (2.19%＋3.17%)	6.05% (2.19%＋3.86%)	6.59% (2.19%＋4.40%)
	高方案	3.87% (1.58%＋2.29%)	4.36% (1.58%＋2.78%)	4.75% (1.58%＋3.17%)

数据来源：本书测算得出。

3.5.2 基本结论

总体来看，新农保制度对保障广大农民的养老起到了非常重要的保障作
用，"普惠制"式的基础养老金开辟了我国养老保障历史的先河，其制度的实施
已经切实体现出了政府对养老保障的责任承担。但是由于我国目前经济水平

还不高,财政收入中用于社会保障的水平也还不高,又鉴于社会保障水平易高难低的"刚性"特点,基础养老金水平还处于比较低的阶段。同时,广大农民的个人缴费水平总体偏低,造成总体的保障水平偏低。

具体来看前述的分析结论:

(1)基础养老金替代率水平显示出了较大的地区差异和群体差异,对收入越低的农村居民,基础养老金替代率越高,所起到的保障作用越大。

由于养老金替代率是相对指标,在分子养老金数额不变的情况下,当分母农民人均纯收入越低时,养老金替代率就会越高。通过东中西部不同地区、不同收入等级的分析测算,并通过国家新农保制度和发达地区浙江省城乡居保制度的测算,都显示出该差异。从收入等级分组看,农村低收入户的基础养老金替代率最高。东部地区的新农保制度基础养老金替代率最低,并且低于全国水平;从低往高,依次是东北地区、中部地区和西部地区。这也说明基础养老金对中西部和低收入群体的作用远远高于对东部地区和中高收入群体。

(2)新农保基础养老金替代率比城镇低,在绝对基础养老金不变的情况下,随着农民人均纯收入的提高,基础养老金替代率不断下降,调整提高基础养老金,会提高养老金的相对水平。

通过国家新农保制度和浙江省城乡居保制度的对比可以看到,调整基础养老金将有效提高养老金的相对水平,否则,在绝对基础养老金不变的情况下,随着农民人均纯收入的提高,基础养老金替代率将不断下降,所起到的保障作用也将日益下降。

(3)个人账户养老金替代率非常低,即使选择高缴费档次和获得高的投资收益,替代率最高未超过5%,而选择最低缴费档次和获得低的投资收益,连1%都尚未达到,即使是低收入户,其个人账户养老金替代率仍然偏低。

个人账户养老金替代率比较低,即使在每年选择缴费500元这一最高档次,在年收益率高达5%的情况下,个人账户积累额比上低方案的农民人均纯收入,其个人账户养老金替代率才4.4%,但这已经是综合缴费档次和收益率后的最高水平,远远低于20%的规定;相比之下,如果每年选择缴费100元这一最低档次,在年收益率2.5%的情况下,个人账户养老金替代率仅为0.78%。个人账户养老金替代率结果表明,仅仅依靠目前的方案,将来的养老金水平是相当低的。

(4)在没有上调个人缴费标准时,个人账户养老金替代率呈现持续下降趋势。

通过预测 2025—2036 年的个人账户养老金替代率,选取 500 元缴费档次,并用低方案的农民人均纯收入作为比值,结果显示,在没有上调个人缴费标准时,个人账户替代率呈现持续下降趋势,仅为 1.0%～1.5%。

(5)政府进口补贴和激励政策等对促使农民提高个人缴费档次和延长缴费年限会起到一定的作用。

从综合分析看,一年 30 元的进口补贴对养老金替代率还是有一定的影响的,在不同的收益率水平下,能够提高 0.6%～0.7%的养老金替代率水平。这也说明在农民个人缴费偏低、选择缴费高档次比例不多、缴费年限高于 15 年的比例不多的情况下,采用政府进口补贴和激励政策,可以鼓励缴费参保,提高个人账户养老金替代率和基础养老金替代率。

3.5.3　问题分析

(1)农村社会养老金替代率实际值总体偏低,城乡差距较大。

按照表 3.17 第一种方案,在新农保制度试点之后的 1 年半左右开始领取养老金,基础养老金替代率仅为 9.46%,远远低于 1997 年国务院发布《关于建立统一的企业职工养老保险制度的决定》中关于社会统筹部分 20%的规定,同时个人账户也远没有达到 18.5%的规定值。2005 年《国务院关于完善企业职工基本养老保险制度的决定》发布,企业职工的养老金的目标替代率要总体调整为 59.2%,其中基础养老金替代率调整为 35%,个人账户养老金替代率调整为 24.2%。与此改革相比,现行的新农保制度中农村社会养老金替代率实际值与企业职工的差距还很大。如何切实有效满足农村居民的基本生活保障需求,缩小城乡差距,是农村社会养老保险制度需要考虑的问题。

(2)个人缴费档次较低时,个人账户养老金替代率较低,保障的力度较小,同时,越到计发月数后期,个人账户养老金替代率越低。

当个人选择缴纳 100 元到 300 元缴费档次时,基础养老金替代率的比例基本要大于个人账户养老金替代率;400 元到 500 元档次时,个人账户养老金替代率的比例超过了基础养老金替代率。以上说明基础养老金更要起到"保基本"

的作用,保持一定的基础养老金替代率比例是保障农村居民生活的必要条件。

由于个人账户和基础养老金的筹资方式不同,个人账户遵循的是完全积累模式,其个人账户养老金的领取按照计发月数平均分配到每个月,因此即使调整提高了个人缴费档次,个人账户养老金替代率仍然会随着农民人均纯收入的提高而降低。如何在个人账户养老金替代率逐年降低的时候,充分发挥基础养老金替代率及其相关激励机制等作用,从而达到一个比较稳定的、适度的社会养老金替代率水平,需要进一步探讨。

(3)缺乏统一的养老金调整机制时,随着农民人均纯收入的提高,社会养老金替代率在逐年下降,保障基本生活水平的作用也逐渐减弱。

由于缺乏统一的养老金调整机制,首先基础养老金不能抵御通货膨胀上涨的影响,其保障作用也在降低。2009年制定的基础养老金标准660元/年,它的实际购买力在其后几年肯定在不断下降,因此保证基础养老金的实际购买力是非常重要的内容。其次,个人缴费档次没有体现出缴费和收入的关系,也没有和农民人均纯收入同步上涨。如果目前和今后大部分缴费农民仍然按照最低缴费档次100元缴费,个人账户养老金替代率将非常小,其保障基本生活水平的作用也将微乎其微。

(4)计发月数低于60周岁余命,政府财政风险随着人均预期寿命的延长而加大。

按照精算原理,个人账户养老金是在60周岁开始领取养老金之后平均分配,因此,前述的养老金替代率按年预测只在达到60周岁之后的12年左右。事实上,随着人均预期寿命的延长,实际领取养老金的年限已经大于11.58年(139/12=11.58),其后的养老金都由政府财政承担。除了基础养老金的发放之外,个人账户养老金按照什么标准发放成了新的难题,也加大了政府的财政兜底风险。

综上,通过分析现行的新农保制度所能达到的养老金替代率水平,可以看到最大的问题是养老金水平总体偏低。如何改变现状从而提高养老金水平已经成为当下非常重要的问题。但是,提高到什么样的程度才算是适度的养老金水平呢?本书接下去将从供需两方面的角度进行综合分析。

4 适度的农村社会养老金替代率需求水平分析

养老保险制度作为为老年人提供定期收入保障的制度,其基本目标是保障退休老年人的基本生活,并在更高的层次上提供一定的收入替代,使老年人的生活水平不因退休而降低。养老金替代率水平是否适度具有相当重要的意义。农村社会养老金替代率作为衡量农村养老金和农村人均纯收入之间的替代水平,反映的是新农保制度或城乡居保制度的施行可以满足 60 周岁以上的农村老年居民生活基本需求的程度,而且该程度将反映养老金和收入之间的长期相对水平,能够反映通货膨胀、物价水平等波动,更能反映出养老金对保障农村老年人的基本生活的作用。过低的农村养老金替代率有可能无法满足农村老年人的基本生活水平,在传统的家庭养老和土地养老功能逐渐减弱时,将导致更多的农村老年居民老无所依;过高的农村养老金替代率,将给各级政府财政造成沉重的负担和压力,同时养老保险水平的刚性效应势必会引发严重的后果。

事实上由于中国的城乡二元制度和农村养老保险制度的滞后发展,在实施不到 5 年的新农保制度和正在转型的城乡居保制度下,根据本书第 3 章的测算,目前全国的农村社会养老金替代率水平比起城镇的相应水平还是比较低的。因此,处于改革关键时期的农村养老保险制度如何抓住机遇,并根据农村居民的需求、各级政府财力水平结合农村人口老龄化趋势等因素来确定适度的农村养老金替代率水平,是关系到社会保障制度改革、经济社会稳定运行的大事。

本章主要从需求的角度分析适度的农村社会养老金替代率,分析满足农村老年人基本生活的养老金替代率。

4.1　适度的农村社会养老金保障水平界定

在分析适度的农村社会养老金需求替代率这一表明社会养老保障水平的相对指标时,很有必要先分析适度的农村社会养老金保障水平。该保障水平不仅涉及社会养老保险制度的性质、政策目标等,还涉及满足基本需求的待遇标准等。

4.1.1　社会养老保险保障水平理论基础

社会保障制度的发展源于现实的推动,但是合理的制度设计必然源于科学理念的确立。社会养老保险保障水平作为社会保障机制中非常重要的一环,所要遵循的理论关系到其改革的成败。郑功成(2008)提出公平、正义、共享是中国社会保障制度发展的价值理念。本书就公平正义的理念在近现代以来的发展略作阐述。

近现代以来,伴随着工业革命的发展,资本主义经济得到了极大的发展,而公平正义理论的提出则是伴随着资本主义国家经历多次经济危机而产生的。

有多位学者就公平方面从不同角度提出了相关理论。美国心理学家亚当斯(J. S. Adams)在20世纪60年代提出了公平理论。该理论又称为社会比较理论,是因为该理论在社会比较中,探讨了个人所做出的贡献与其得到的报酬之间进行平衡的法则和过程,并从管理学激励理论的角度研究了报酬分配的合理性和公平性。该理论认为人的工作动机和积极性不仅受到绝对报酬的影响,也受到相对报酬的影响;既包括了纵向比较,也包括了横向比较。该理论正式探讨了公平这个问题同多方面有关,既同主观判断有关,又同对公平的理解及其标准有关。

如果说对公平理论的初始探讨还停留在企业管理层次上的话,那么之后美国哲学家罗尔斯(John Bordley Rawls)在1971年出版的巨著《正义论》中提出的公平、正义理论,则在学术界和社会上产生了巨大的反响和影响,也为福利国家的发展提供了理论基础。罗尔斯(1988)认为,公平才是社会生活的最高价值,基于公平的正义观念才体现了民主的平等。根据他的设计,人们将会基于两个原则选择公平的正义:"第一原则,每个人对于所有人所拥有的最广泛平等的基本自由体系相容的类似自由体系都应有一种平等的权利。第二个原则,社会和经济的不平等应这样安排,使它们:(1)在与正义的储存原则一致的情况下,适合于最少受惠者的最大利益;并且(2)依系于在机会公平平等的条件下职务和地位,向所有人开放。"作为平等主义的自由主义者,罗尔斯努力把某种平等或福利因素融进正义理论当中(唐巴特尔,2009),对资本主义福利国家的实践在理论上进行了把握。他也提出过,"在福利国家的资本主义中,目标在于,任何人都不应该处于体面的最低生活标准之下"(罗尔斯,2002)。类似这种有关收入和财富分配的言论体现在多处,如"收入和财富分配:必须确保所有公民获得他们理智而有效地实现其基本自由所必需的、适合各种目的的手段。……通过中央或地方政府,或其他经济和社会政策,社会作为最后雇主"。罗尔斯为福利国家的发展在理论上确立了发展的方向,但不可否认的是,罗尔斯努力捍卫正义时,却没有提供有效的实现途径和具体的操作政策,是充满理想主义色彩的公平的正义。

　从国内社会保障制度的发展来看,随着经济的发展和对民生问题的日益关注,一系列的相关改革也被提到了历史的新高度。郑功成(2008)就我国社会保障制度改革明确提出了公平、正义、共享的价值理念,认为"公平"是现代社会保障制度的核心价值诉求,是指平等对待每一个国民并保障满足其基本需求,普遍性地增加国民的福利。能否维护公平与是否缩小了不公平,是衡量这一制度有效与否的根本评判标准。社会保障对公平正义的维护都是通过共享机制来实现的,共享的公平则体现了社会保障制度的本质要求,即追求合理的分享和公平的普惠(郑功成,2008)。

　与此同时,国内的其他学者也就公平等理论进行多方面的探讨。在明确的社会保障和社会福利范围内,从中国现实问题出发,景天魁在2002年提出了"底线公平"的概念,之后就此做了不少基础性理论探讨。景天魁和毕天云(2011)明确提出所谓"底线",是指一种"界限"。在社会福利领域,"底线"是指社会成员基本需求中的"基础性需求",主要包括解决温饱的需求(生存需求)、基础教育的需求(发展需求)以及公共卫生和医疗保障的需求(健康需求)。"底线"划分了社会成员权利的一致性和差异性,底线以下部分体现权利的一致性,底线以上部分体现权利的差异性,所有公民在这条"底线"面前所具有的权利一致性就是"底线公平"。景天魁提出了弱者优先、政府首责、社会补偿、持久效益等原则,并由此构建了底线公平福利模式,就社会福利水平提出了该模式的主要特征之一应是福利适度化,在"福利最小化"和"福利最大化"之间提供适度的社会福利。

在公平正义的理念指导下,本书就适度的社会保险保障水平、社会养老保险需求保障水平等做了界定。

4.1.2　适度的社会保险保障水平界定

(1)社会保险能提供的保障水平,不能超过经济增长水平

从社会保险的产生和发展来看,经济增长都是至关重要的要素。只有当经济发展到一定水平时,社会保险才有可能发展。从历史发展来看,社会保险制度的诞生依靠的是经济增长,其进一步发展依靠的也是经济增长。诸多高福利国家中,由于福利水平超过了经济发展水平,导致财政危机等不良后果,就是最好的例证。

社会保险制度是由政府实施的、强调权利和义务对等关系的政策,一方面要求国家财政有能力负担一部分,另一方面要求个人有能力缴纳社会保险费。以上两方面都要求社会保险的产生需要有一定的基本条件和物质基础。

(2)社会保险的政策目的是保障贫困者和老年人的基本生活

社会保险作为社会保障制度的核心,政策目的与社会保障制度是统一的。从社会保障整体来看,其主要目的是保证贫困者(如失业者、伤残者等)和老年人的基本生活或水平(李珍,2001)。但是要注意的是,社会保险的直接目的在于补偿因不劳动而致的收入损失,无法保障退休人员仍然享有工作期间的生活水平。从这点来看,社会保险替代率达到100%是不合理的,理应只获得一定程度(即小于100%)的补偿。一般来说,基本生活水平值是保障基本社会需求的水平。

(3)社会保险对基本生活需求的待遇水平目标应高于社会救助

社会保障制度包括了社会救助、社会保险和社会福利三部分,这三部分之间既有联系也有区别(表4.1)。一般来说,社会救助关注的是不能维持最低生活水平的低收入家庭,对象是社会成员中无力缴费参加社会保险的贫困人群,资金来源是国家财政预算拨款或特别捐税辅助,目标是帮助贫困人群维持最低生活水平(郑功成,2007)。社会福利的保障对象则是全社会成员,资金来源广泛。社会保险的对象是劳动者,所有处于工作年龄段的公民都需要根据自己的保障需求缴纳相应的费用,遵循的是权利和义务的对等原则,社会保险基金由参保人及其雇主的缴费形成,在一些情况下还包括政府资金(劳动和社会保障部社会保险研究所,2004)。

表 4.1　社会救助、社会保险和社会福利的差异

	社会救助	社会保险	社会福利
对象	无力缴费参加社会保险的人员	有能力缴费的劳动者	全社会成员
资金来源	国家财政预算拨款或特别捐税辅助	参保人、雇主、政府	来源广泛
待遇水平目标	帮助贫困人群维持最低生活水平	提供保障人们基本生活需求的最低收入	改善与提高国民生活质量
权利与义务关系	单向性	对等性	按照不同的种类进行区分

资料来源:本书作者根据相关资料整理。

在实际操作中,很多国家建立了一整套社会保障制度,通过多种方式提供给老人一定的待遇来防止贫困或降低贫困,并且确保居民在参加养老金体系时至少能够获得一定的、能够满足基本需求的最低待遇水平。它还和工作时的收入相关。

综上,在多个主体承担责任的基础上,笔者认为社会保险对基本生活需求的待遇水平目标应高于社会救助,即高于最基本的生存需求,至少达到基本生活需求水平。

4.1.3　适度的社会养老保险需求保障水平界定

社会养老保险作为社会保险的一种,是指国家和社会通过相应的制度安

排为劳动者解除养老后顾之忧的一种社会保险。其政策目的是增强劳动者抵御老年风险的能力,同时弥补家庭养老的不足。手段则是在劳动者退出劳动岗位后为其提供相应的收入保障(郑功成,2007)。

(1)社会养老保险保障水平要能够满足普遍需求

社会养老保险和社会医疗保险、社会失业保险、社会工伤保险、社会生育保险一起成为五险,其化解的风险和其他险种化解的风险有相同点,也有不同点。相同点在于风险都有可能造成损失,需要收入补偿,而不同点在于人人都要面临年老的自然规律,是确定的、可以清晰预见的、人人都会遇到的事件(郑功成,2007)。老年风险带有普遍性,相对来说,疾病、失业、工伤却是不确定性事件,在时间上无法预料,而生育取决于个人选择,一般来说也主要针对的是女性。从不同点可以看出社会养老保险在抵御老年风险时,是人人都需要的普遍性需求,其待遇水平也要能够满足普遍性需求。

根据社会保险的保障水平界定,社会养老保险要能够满足老年人的基本生活需求,但是要注意的是,由于有社会医疗保险等不同的保险险种,需要区分基本需求的具体内容。在老年时,已经不存在生育、失业和工伤的问题,因此主要是养老保险和医疗保险的问题。社会医疗保险针对的是疾病风险,主要是保障个人对医疗服务方面的需求,保障参加医疗保险的人员在生病时能获得医治。在我国统计年鉴消费支出一栏上,居民消费中有医疗保健支出项目。该项目是指农村住户用于医疗和保健的药品、医疗器械和服务费用,包括医药卫生保健用品、医疗保健服务费和医疗卫生设备及用品加工修理费等。可以看到,虽然都有医疗方面的内容,但是这里的医疗支出应该是居民个人在医疗保险时不能报销或不能覆盖的部分支出,这样,养老保险和医疗保险基本是互补的,不存在重复的问题。社会养老保险的保障水平要能够满足对于基本生活水平的普遍需求。

(2)社会养老保险保障水平要有长期稳定性

参加社会养老保险后,从退休开始或符合领取年龄条件时,领取养老金的时间要能够延续到个人生命终止,因此期限比较长。一般来说,各个国家都有十几年甚至数十年的跨度,具体和每个国家开始领取养老金的年龄和人的预期寿命有关系。如果领取养老金的年龄比较早,预期寿命又比较长的话,那么领取的时间就会比较长；相反，如果领取养老金的年龄比较晚，预期寿命又不长，那么领取时间就会缩短。从长期性来说，这就要求社会养老保险养老金待遇要充分考虑到退休年龄（或领取年龄）和预期寿命这两方面因素。

同时，由于社会养老保险保障水平有"刚性"的特点，即易升难降，那么长期保持保障水平的稳定性是非常重要的，不能够随意调高调低，否则容易引发社会不稳定。

（3）社会养老保险保障水平要能够兼顾静态和动态变化

根据精算原理，社会养老保险是把劳动者在退休或领取养老金之前的几十年内的缴费、连同雇主缴费和政府补贴以及基金投资收益等一并考虑，在基金收入和基金支出一致的基础上在未来领取期间进行发放。在如此长时间的跨度内，如果不考虑通货膨胀、物价水平等动态变化因素，很有可能导致养老金逐渐低于基本生活需求水平，而无法抵御老年风险。因此，随着经济发展、收入提高以及其他相关经济社会发展状况等因素的综合变化，社会养老保险保障水平要能够兼顾静态和动态变化，及时根据通货膨胀、物价水平、人均收入等因素进行有序调整，使得老年居民老有所依，切实发挥社会养老金的保障作用，但同时也不能超出个人和政府的承受能力，阻碍经济的进一步发展。

4.2　我国农村社会养老金替代率的适度需求水平界定

4.2.1　我国农村老年居民基本生存和生活需求界定

以上探讨和分析了适度的社会养老保险保障水平，但是对于基本生存和生活需求的界定并不明确，需要进一步界定，并根据我国农村居民养老需求情况予以明确。

（1）不同层次的基本生存和生活需求界定

作为政策目标之一，养老金要能够提供满足老年人基本生活的收入，那么到底怎么样的养老金待遇水平算是满足了老年人的基本生活需求呢？

国际上用"adequacy"这个英文单词来表示满足退休老人的基本生活需求，但是如何界定这个程度，其定义并不是单一的和简单的。一般来看，至少有三个层次的定义（OECD，2013）。第一个层次也就是最狭义的定义为至少要满足老年人的绝对最低需求水平,即最低生存水平,该水平在不同的国家和不同的时代可以是不同的,一般和贫困的度量有关系。

第二个层次是稍广一些的定义,即退休的人通过一系列政策获得货币和非货币需求上的满足,能够过上体面的生活。该定义往往用物质匮乏和社会排斥的风险相关的指标进行衡量。其中货币方面的满足可以用收入或者支出进行衡量。从收入角度看,一般来说用一段时期内的个人和家庭收入等来衡量,但是否领取退休金的人能过上体面的生活,其中的收入不仅仅指的是现金收入,也可能包括医疗和长期照护方面的公共服务等;从支出角度看,支出的衡量往往更稳定一些,但是由于支出受到习惯、偏好和环境等影响,在不同的国家之间往往很难进行比较,在计量上也很难达到准确。

第三个层次是最广泛的定义,也是最接近于个人希望的定义,即能够用养老金维持一定的生活标准,而且该生活标准和退休前的工作时期相当。事实上,尽管退休收入往往无法完全替代工资收入,但这是很多人的个人希望。

以上三个层次的定义从水平上看是从低到高逐渐上升的三个水平。从国际上看,关于"维持最起码的生活水平所需物品的费用"基本都有一定的层次性,如"生存线—温饱线—发展线"①,和前述的表述有异曲同工之处,都强调了第一层次是维持生存的最基本需求水平,第二层次已经高于第一层次,是能够满足基本生活需求的水平,而第三层次则已经进一步提高了标准,能够使得人们过上自给有余的生活。

因此,本书认为第一层次属于生存的最基本需求,第二层次属于生活的最基本需求,第三层次则属于生活的一般需求。

(2)现阶段我国农村居民不同层次的基本生存和生活需求界定

本书基于扩展线性支出系统模型,应用我国历年关于农村的统计年鉴数据,依据统计年鉴上农村居民的食品、衣着、居住、家庭设备及服务、交通和通讯、文教娱乐、医疗保健和其他八项消费支出,在测算出各类消费支出的边际消费倾向、基本需求的基础上,进一步测算出历年各类消费支出的需求收入弹

---

① 制定城市居民最低生活保障标准的主要依据是什么? 广东省民政厅网站,http://www.gdmz.gov.cn/zhenchewenda/013.htm

性,根据弹性系数的大小和消费项目本身的特性,做出现阶段农村居民的基本
生活需求层次界定(表4.2)。

表 4.2 多层次的农村基本生活需求水平

基本生活需求水平层次		项 目
第一层次	最基本生存需求	食品
	基本生存需求	食品、衣着
第二层次	基本生活需求	食品、衣着、医疗保健
	基本温饱需求	食品、衣着、医疗保健、居住
第三层次	基本生活发展需求	食品、衣着、医疗保健、居住、家庭设备及服务
	基本生活总需求	食品、衣着、医疗保健、居住、家庭设备及服务、文教娱乐、交通和通讯、其他

资料来源:本书作者根据相关资料整理。

(3)我国农村老年居民的基本生存和生活需求界定的发展

通过以上对不同层次的基本生存和生活需求界定,结合社会养老保险的
政策目标,继续进一步讨论我国农村老年居民基本生存和生活需求的界定的
发展。

1)要区分静态含义和动态含义

基本需求对商品的价格相对来说不太敏感,因此消费者的收入就成为影
响基本需求的主要因素。从我国历年农村人均纯收入发展和八类项目中的基
本需求收入弹性(表4.2)来看,随着经济增长,当农村人均纯收入逐渐提高时,
除了文教娱乐项目,农村居民对食品、衣着、医疗保健、居住、家庭设备及服务、
交通和通讯以及其他项目都有弹性减少的状况。这表明随着人均纯收入的提
高,农村居民对各项必需品的需求都开始变得必要起来,而不是仅仅着眼于食
品一项。这也说明了农村居民对于基本需求的层次随收入的提高而提高,内
容也随之扩展。

因此,从静态含义来看,基本需求在某个阶段内,其内涵相对来说是比较
稳定的。现阶段我国农村居民的基本生存和生活需求的界定如表4.2所示,
这也意味着我国目前农村老年居民在过了60周岁以后,基于基本需求的层次

发展,其需要的养老金上限为基本生活总需求,包括了八个项目的基本需求,而下限则是最基本生存需求,内容仅为食品一个项目。现阶段农村老年居民从下限到上限的范围内,其基本需求满足的程度到底是在哪一点上,既取决于经济增长、收入水平、物价水平等因素,也取决于社会养老保险中政府的财政负担、个人的缴费能力等因素。

从动态含义来看,基本需求本身的内涵会随着经济增长、收入提高而发生变化。如现阶段的第一层次中的"最基本生存需求"可能就被第二层次中的"基本生活需求"所取代,这就意味着,现阶段划分的三个层次的基本需求水平在未来都将有一定幅度的提高,而且目前尚未列入基本需求水平的非基本需求,也有可能会变成基本需求。

2)要区分现金消费需求和非现金消费需求

由于中国农村和城镇在土地制度上的差异,大部分农村居民迄今为止仍然能够依靠土地生存和发展。在农村生活的许多老年人,只要条件允许,种点粮食、蔬菜、水果等来补贴家用,维持一定的生活水平,还是比较普遍的现象。这就使得在消费支出中,现金消费需求和包括非现金需求在内的总的消费需求有一定的差异。图 4.1 比较了各大类消费项目 2004—2012 年间现金消费支出占消费支出的比例随时间的变化情况。可以看出两个特点:一是现金消费和总的消费区别主要在于食品类,其次是居住;二是随着时间的推移,现金消费的比例在增加。究其主要原因,是因为随着收入提高、恩格尔系数下降,食品所占的比重越来越低,两者的差异也越来越小。居住上的翻新和建造等大型支出的增加,也使得两者的差异变小。

农村老年居民在满足基本需求时也要注意现金消费需求和消费需求之间的差异。从食品、居住两项差异看,由于老年人翻新房屋的需求不大,因此对老年居民来说差异主要是在食品上。农村社会养老保险制度在设计和实施时将主要考虑以食品为主的差异。由于该差异在不断减小,所以农村社会养老保险制度中的待遇水平也将逐渐从仅仅满足现金消费需求转化为满足消费需求。

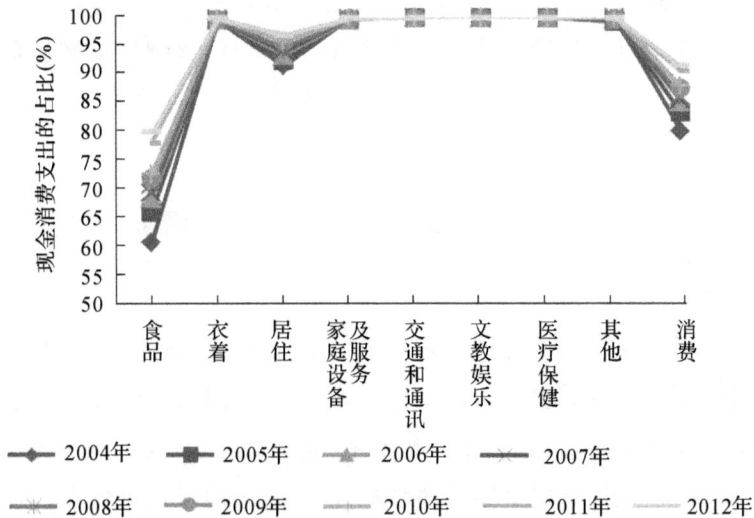

图 4.1　农村居民各项目现金消费支出和消费支出之间的差异(2004—2012 年)

数据来源：根据历年统计年鉴和本书测算得出。

3)要区分个人、家庭和政府分担的农村老年居民的养老责任

从我国历史发展来看，由于城乡二元制度，我国农村老年人长期缺失社会养老保障，从老农保制度发展到新农保制度以来，事实上已经从农民自己缴费、自我储蓄的模式，转变到个人缴费、集体补助和政府补贴相结合的模式。从目前基础养老金待遇、个人账户缴费和对个人账户今后的待遇情况分析来看，农村居民想要完全依靠社会养老保险的养老金养老，还是不可能的。因此，从农村老年居民满足生存和生活的基本需求来源来看，还需要依靠土地养老、家庭养老等传统模式，个人储蓄和家庭供养必不可少。而对于生活特别贫困、身体有残疾的老年人来说，还需要最低生活保障制度、残疾人补助等社会救济。对于有条件的农村老年居民则还可以通过市场获得商业养老保险等。这就意味着农村老年居民在相当长的时间内需要依靠多层次多支柱的养老保障体系才能安度晚年，其中多层次的养老保障体系包括了自我保障、政府负责的社会养老保险体系和老年保障体系、企业和市场为补充的补充养老保险和商业养老保险等。

因此，要满足我国农村老年居民生存和生活的基本需求，在现阶段还需要

依靠个人、家庭和政府的共同力量,个人、家庭和政府的责任分担需要有所区分。而社会养老保险制度不能完全由政府承担责任,该制度强调的是权利和义务的对等,在我国财政还不足以负担大规模的农村居民养老时,强调个人和家庭的养老责任是非常有必要的。

4.2.2　我国农村社会养老金替代率的适度需求水平界定

（1）基本含义

养老金替代率作为养老金收入与退休前工资收入的比率,是衡量养老金保障水平的相对指标。根据上述的社会养老保险保障水平,该相对指标比起衡量保障水平的绝对指标,能够客观反映出通货膨胀、社会平均收入水平和其他相关经济社会发展状况等因素的影响,能够对不同时期退休老人真实的养老保障程度进行衡量,并反映其动态变化。

（2）我国农村社会养老金替代率的适度需求水平界定

根据上述我国农村老年居民的基本生存和生活需求界定和影响社会养老金替代率适度需求水平的因素分析,就我国农村社会养老金替代率的适度需求水平做出以下界定。

1）按照多层次的农村基本生活需求水平,现阶段可以把满足最基本生存需求的水平作为农村社会养老金替代率适度需求水平的下限,并以此低水平起步。

根据多层次的农村基本生活需求水平表(详见表4.2),从只包含食品为主的最基本生存消费到包含八个项目的基本生活总需求,其保障水平也从第一层次的生存水平,到第二层次的温饱水平,再到第三层次的发展水平,包含了从低到高的不同层次水平。结合新农保制度的试点到制度全覆盖发展的过程,新农保制度中基础养老金部分由政府承担已经是我国社会保障发展历史上的重大社会进步,对确保农村居民基本生活、推动农村降低贫困有重大意义。虽然目前农村居民的国民待遇还远未能和城镇居民一致,而且与发达国家相比也有比较大的差距,但是由于农村社会养老保险制度最终也取决于一个国家的经济发展水平,盲目地在待遇水平上"大跃进"只会阻碍经济的发展。因此,从现阶段来看,把满足最基本生存需求的水平作为农村社会养老金替代率的下限,并以此低水平起步,动态发展是比较合适的,既不会超越国家的经济发展水平和各级政府的财政负担水平,也能满足农村老年居民的最基本生存需求水平。

2)对有条件的农村居民个人和有条件的地区,把满足农村居民的基本生活总需求作为现阶段的农村养老金替代率适度需求水平的上限,切实发挥社会养老保险保障基本生活水平的功能。

由于目前新农保制度和城乡居保制度中的养老金分为基础养老金和个人账户养老金,基础养老金在我国东、中、西部各级政府承担的财政负担是不同的,个人缴费由于有不同的缴费档次,每人的缴费能力也不同,这就使得在达到领取年龄时,各个地区、各人领取到的养老金不同,养老金替代率自然也不同。对有条件的农村居民个人和有条件的地区,如果能把满足农村居民的基本生活总需求作为现阶段的农村养老金替代率适度需求水平的上限,可以切实发挥社会养老保险保障基本生活水平的功能,使得农村老年居民仅靠养老金就能"老有所依",同时带动更多的农村居民缴费参保,形成良性机制。

3)考虑到农村土地养老的功能仍然发挥作用,现阶段仍然需要用现金消费支出指标测量,当经济发展到下一阶段,就可以过渡到使用包括非现金消费在内的消费支出指标。

虽然我国农村土地养老的功能在减弱,但它在相当一部分地区仍然在发挥重要的作用。在现阶段政府财政能力还不强的情况下,政府还不能够完全承担养老的责任,需要依靠传统的土地养老和家庭养老模式一起解决农村居民养老问题。因此,考虑到农村的现实情况,仅仅以包括非现金消费支出在内的消费需求,在制度实施上会忽略掉传统的土地养老模式的作用。在现阶段,用现金消费支出作为测量农村社会养老金替代率适度需求水平是比较合适的。这就意味着农村社会养老金替代率适度需求水平补充的就是非现金基本消费支出和基本消费需求之间的差额。以上考虑的仅仅是在农村老年居民仍然具有劳动能力的假设前提下,但是当农村老人劳动能力逐渐减弱时,最终要参考的还是消费支出标准。因此,当经济发展到下一阶段,可以过渡到使用包括非现金消费在内的消费支出指标进行测量。

4)依据我国和农村经济发展的实际情况,个人和政府合理分担养老责任,动态调整上限和下限水平。

动态调整对农村老年居民的意义有多方面。首先,有可能使得农村老年居民享受到和城镇老年居民同样的待遇。中国城乡二元制度的长期发展导致农村长时间没有享受到和城镇一样的、由经济发展带来的成果。这种制度造成的不公平性之一就表现在社会养老保险制度上。虽然已经有了新农保制度,基础养老金部分已经体现了政府对老年居民养老责任的承担,但是从目前的静态含义来看,政府承担的财政责任还比较小,660元/年的基础养老金不能完全达到2009年第一层次中的最基本生存需求水平;从动态含义来看,未来随着经济增长,各级政府的财政负担能力进一步增强,基础养老金的增长将有可能不仅能覆盖以食品为主的最基本生存需求水平,还有可能负担起包括衣着和医疗保健在内的基本生活需求水平。同时要关注到城镇企业职工在参加社会养老保险时,高达工资水平8%的个人缴费以及12%的企业缴费,一方面体现了个人权利和义务的对等,另一方面企业雇主缴费也减轻了国家的财政负担。农村社会养老保险应着眼于通过制度设计促进农村居民缴纳更多的养老保险费,提高缴费档次,更好地体现个人的养老责任。

其次,社会养老金替代率作为衡量养老金水平的相对指标,在不同的经济发展阶段,替代率水平并不是一成不变的。应当依据我国和农村经济发展的实际情况,动态调整上限和下限水平,切实发挥农村社会养老保险制度的养老作用。

5)适度需求水平的界定可以通过分收入等级的养老金替代率需求水平测算,从中选取有能力负担基本生活需求和承担社会养老保险费的收入等级的需求替代率作为适度水平。

经过本书的实证研究(具体见本章第三部分测算结果),为了保证农村老人的基本生活需求,现阶段社会养老金水平应当满足农村居民中等偏下收入户的基本消费需求,需求替代率也应当参照中等偏下收入户的替代率需求水平。

现阶段之所以选取中等偏下收入户,是因为该群体的收入一方面能够负担现金开支的基本生活总需求,另一方面在用现金支付基本生活总需求之后,还有 13%～25%[①]的收入可以用于非基本现金消费支出,这就使得这部分群体有能力负担一定水平的社会养老保险费,在权利和义务之间达到对等。和其他各收入等级比较,低收入户在劳动年龄阶段就基本收不抵支,仅能维持以食物为主的最基本生存需求水平,没有能力缴费,需要依靠最低生活保障等社会救助。中等收入户及以上群体,除了负担基本需求之外,还可以适度负担非基本需求,并有一定的储蓄,有能力负担社会养老保险费,甚至还有能力购买商业养老保险等。这部分群体除了可以依靠传统的土地养老和家庭养老之外,还可以依靠个人储蓄养老、社会养老金养老,甚至商业养老金,真正成为有多支柱多层次养老保障的农村老人。因此,低收入户和中等收入户以上群体由于人均纯收入基数的偏低和偏高,其需求替代率都不适合在现阶段作为适度需求水平。

不过,现阶段的适度需求替代率并不意味着在下一阶段仍然是适度的,需要根据多种经济社会发展因素进行动态调整。

4.3 社会养老金替代率适度需求水平测算模型

4.3.1 扩展线性支出系统模型介绍和应用

(1)扩展线性支出系统模型(Extend Linear Expenditure System,ELES)基本模型介绍

1954 年,英国计量经济学家 R. Stone 以 L. R. Clein 和 H. Rubin 提出的直接效用函数为基础,提出了线性支出系统函数(LES),这一模型区分了居民消费支出中基本支出与非必要的支出,以此表明基本需求和非基本需求。

在预算约束 $\sum_{i=1}^{n} u_i p_u q_i = V$ 的条件下,极大化直接效用函数

$$U = \sum_{i=1}^{n} u_i(q_i) = \sum_{i=1}^{n} b_i \ln(q_i - r_i)$$

---

① 13%～25%是 100%减去 2009—2012 年中最高的基本生活总需求替代率 87%和 4 年的平均值 75%得到。

即：　$\max U = \sum_{i=1}^{n} b_i \ln(q_i - r_i)$

s. t.　$V = \sum_{i=1}^{n} p_i q_i$

运用"拉格朗日乘数法"进行求解,得到线性支出系统(LES)模型为:

$$p_i q_i = p_i r_i + b_i (V - \sum_{i=1}^{n} p_i r_i) \tag{4.1}$$

其中,p_i 表示第 i 种商品的价格;q_i 表示第 i 种商品的实际需求量;r_i 为相应的需求量;V 表示预算总支出;b_i 为边际预算份额。

式(4.1)表明,消费者对第 i 种消费品的消费支出为两部分之和:第一部分为维持生活的基本消费支出,第二部分为总预算中扣除基本消费支出后对第 i 种消费品的支出。LES 模型存在以下两个缺陷:一是它没有考虑到居民把基本消费支出后的余额用于储蓄或投资的因素;二是总预算是对所有商品需求支出之和,为内生变量,无法外生给出,因而难以通过模型估计。以上两点缺陷使得 LES 模型没有在实证中得到广泛应用。

之后,经济学家 Luich 对 LES 模型做了两点修改,1973 年提出了扩展线型支出系统模型(ELES)。用消费者的收入水平 I 代替了预算总支出 V,用边际消费倾向 β_i 代替了边际预算份额 b_i,模型变为:

$$p_i q_i = p_i r_i + \beta_i (I - \sum_{i=1}^{n} p_i r_i) \tag{4.2}$$

式(4.2)是在式(4.1)基础上推出的需求函数,仍然分为两部分,即对各种消费品的需求可以分为基本需求和非基本需求。通过改进,该模型假定人们对各种消费品或者服务的需求取决于人们的收入。对消费者来说,人们对各种消费品的需求首先满足基本需求 $p_i r_i$,其次才是将剩余收入按照不同的边际消费倾向安排各种非基本需求。在余下的收入 $I - \sum_{i=1}^{n} p_i r_i$ 中,按照 β_i 的比例在消费第 i 种商品消费和储蓄之间进行分配,消费者的边际储蓄倾向为 $1 - \sum_{i=1}^{n} \beta_i$,其中 $0 < \beta_i < 1$,$\sum_{i=1}^{n} \beta_i \leqslant 1$。根据式(4.2),能够估计出人们对于每一种商品的边际消费倾向。

（2）不同种类的需求测算模型和需求收入弹性测算模型

根据 ELES 模型测算不同层次的需求时，需要考虑到不同种类的需求。

令
$$p_i r_i - \beta_i \sum_{i=1}^{n} p_i r_i = \alpha_i , \; p_i q_i = C_i \tag{4.3}$$

则式（4.2）变为

$$C_i = \alpha_i + \beta_i I + \mu_i \tag{4.4}$$

其中，C_i 表示居民对第 i 种商品的实际消费额，β_i 为边际消费倾向，C_i、β_i 和 α_i 都为待估参数，μ_i 为随机扰动项。

联立式（4.2）、（4.3）和（4.4），可以进一步解得：

$$p_i r_i = \alpha_i + \beta_i \sum_{i=1}^{n} \alpha_i / (1 - \sum_{i=1}^{n} \beta_i) \tag{4.5}$$

根据式（4.4）和（4.5）可以估算出 b_i、α_i、$p_i q_i$、$p_i r_i$ 的值，因此各种消费和各个群体的消费结构能够被估算出来。

如果按照式（4.5），那么

$$p_1 r_1 = \alpha_1 + \beta_1 \sum_{i=1}^{n} \alpha_i / (1 - \sum_{i=1}^{n} \beta_i) \tag{4.6}$$

$$p_2 r_2 = \alpha_2 + \beta_2 \sum_{i=1}^{n} \alpha_i / (1 - \sum_{i=1}^{n} \beta_i) \tag{4.7}$$

$$\cdots$$

$$p_n r_n = \alpha_n + \beta_n \sum_{i=1}^{n} \alpha_i / (1 - \sum_{i=1}^{n} \beta_i) \tag{4.8}$$

其中每一项都代表每一种消费种类。

同时，需求的收入弹性 ε_i 也可以求出来。公式如下：

$$\varepsilon_i = \frac{\partial C_i}{\partial I} \times \frac{I}{C_i} \tag{4.9}$$

根据式（4.5）和（4.4），可以把式（4.9）转化为：

$$\varepsilon_i = \beta_i I / C_i \tag{4.10}$$

4.3.3　基于 ELES 的农村社会替代率需求水平测算模型

根据第 3 章中关于新农保制度的基础替代率和个人账户替代率测算基本模型，即式（3.1）和（3.12），可以得到式（3.17）。

（1）多层次的农村居民基本消费需求社会养老金目标替代率测算模型

为了计算方便，本书先列出第一种简单测算方式，以下为假设。

i.假设社会养老金 $p_t + Q_t$ 为农村老年居民的唯一收入来源；

ii.假设 ELES 模型中测算出来的农村居民基本需求 $\sum_{i=1}^{n} p_i r_i$ 为所有消费，即基本消费就能够满足农村老年居民的需求；

iii.假设农村老年居民不再储蓄，把唯一收入来源都用来消费，那么

$$p_t + Q_t = \sum_{i=1}^{n} p_i r_i$$

根据以上假设，可以把式（3.17）转化为：

$$\rho = \frac{p_t + Q_t}{y_{t-1}} = \frac{\sum_{i=1}^{n} p_i r_i}{y_{t-1}} \tag{4.11}$$

ρ 是总的社会养老金替代率，当具体的基本消费需求分解为 $p_1 r_1$，$p_2 r_2$，…，$p_n r_n$ 时，那么：

$$\rho_1 = \frac{p_1 r_1}{y_{t-1}} \tag{4.12}$$

$$\rho_2 = \frac{p_2 r_2}{y_{t-1}} \tag{4.13}$$

$$\cdots$$

$$\rho_n = \frac{p_n r_n}{y_{t-1}} \tag{4.14}$$

把《中国统计年鉴》中农村居民消费的八类项目带入，那么食品基本需求为 $p_1 r_1$，衣着基本需求为 $p_2 r_2$，医疗保健基本需求为 $p_3 r_3$，居住基本需求为 $p_4 r_4$，家庭设备及服务基本需求为 $p_5 r_5$，文教娱乐基本需求为 $p_6 r_6$，交通和通讯基本需求为 $p_7 r_7$，其他项目基本需求为 $p_8 r_8$。

由此，多层次的农村社会养老金替代率需求水平可以如表 4.3 所示，把满足不同层次的需求作为不同层次的目标替代水平。其中最基本生存需求替代率为 ρ_a，基本生存需求替代率为 ρ_b，基本生活需求替代率为 ρ_c，基本温饱需

求替代率为 ρ_d，基本生活发展需求替代率为 ρ_e，基本生活总需求替代率为 ρ_f。

表 4.3 多层次的农村居民基本消费需求社会养老金目标替代率

目标替代率水平层次		社会养老金替代率需求水平
第一层次	最基本生存需求	食品 $\rho_a = \rho_1 = \dfrac{p_1 r_1}{y_{t-1}}$ $\qquad$ (4.15)
	基本生存需求	食品、衣着 $\rho_b = \rho_1 + \rho_2 = \dfrac{p_1 r_1 + p_2 r_2}{y_{t-1}}$ $\qquad$ (4.16)
第二层次	基本生活需求	食品、衣着、医疗保健 $\rho_c = \rho_1 + \rho_2 + \rho_3 = \dfrac{p_1 r_1 + p_2 r_2 + p_3 r_3}{y_{t-1}}$ $\quad$ (4.17)
	基本温饱需求	食品、衣着、医疗保健、居住 $\rho_d = \rho_1 + \rho_2 + \rho_3 + \rho_4$ $= \dfrac{p_1 r_1 + p_2 r_2 + p_3 r_3 + p_4 r_4}{y_{t-1}}$ $\quad$ (4.18)
第三层次	基本生活发展需求	食品、衣着、医疗保健、居住、家庭设备及服务 $\rho_e = \rho_1 + \rho_2 + \rho_3 + \rho_4 + \rho_5$ $= \dfrac{p_1 r_1 + p_2 r_2 + p_3 r_3 + p_4 r_4 + p_5 r_5}{y_{t-1}}$ $\;$ (4.19)
	基本生活总需求	食品、衣着、医疗保健、居住、家庭设备及服务、文教娱乐、交通和通讯、其他 $\rho_f = \sum\limits_{i=1}^{8} p_i r_i \big/ y_{t-1}$ $\qquad$ (4.20)

资料来源:本书根据相关资料整理和推导出公式。

(2)不同收入水平的农村社会替代率需求水平测算模型

根据米红和邱晓蕾(2005)关于城镇社会养老保险替代率的评估方法与实证研究,利用 ELES 模型和社会养老保险替代率的基本模型,可以推导出替代率和基本消费支出、边际消费倾向等参数之间的关系:

$$\frac{1}{\rho} = \frac{1}{\sum\limits_{i=1}^{n} \beta_i} \times \frac{V}{\sum\limits_{i=1}^{n} p_i r_i} + \left(1 - \frac{1}{\sum\limits_{i=1}^{n} \beta_i}\right) \qquad (4.21)$$

从中可以看出,替代率 ρ 和总边际消费倾向 $\sum\limits_{i=1}^{n} \beta_i$ 成正比,替代率 ρ 和基本消费需求占总消费支出的比例 $\sum\limits_{i=1}^{n} p_i r_i / V$ 成正比。由于收入越低的群体总边际消费倾向越高，基本消费占到总消费的比例也越高，这说明收入越低的群体，其替代率越高。

式（4.21）表明不同收入水平的社会养老金替代率是不同的。可以进一步区分不同收入组别的上年农村人均纯收入 y_{t-1}，根据年鉴上对农村人均纯收入的五分法，把低收入户、中等偏下收入户、中等收入户、中等偏上收入户、高收入户分别定为 y_A、y_B、y_C、y_D、y_E。

最基本生存需求替代率为 ρ_a，扩展为分收入等级的替代率 ρ_{Aa}、ρ_{Ba}、ρ_{Ca}、ρ_{Da}、ρ_{Ea}：

$$\rho_{Aa} = \rho_1 = \frac{p_1 r_1}{y_{A(t-1)}} \tag{4.22}$$

$$\rho_{Ba} = \rho_1 = \frac{p_1 r_1}{y_{B(t-1)}} \tag{4.23}$$

$$\rho_{Ca} = \rho_1 = \frac{p_1 r_1}{y_{C(t-1)}} \tag{4.24}$$

$$\rho_{Da} = \rho_1 = \frac{p_1 r_1}{y_{D(t-1)}} \tag{4.25}$$

$$\rho_{Ea} = \rho_1 = \frac{p_1 r_1}{y_{E(t-1)}} \tag{4.26}$$

其他各需求层次的替代率可以依此类推，扩展为分收入等级的各层次替代率，然后可以从中确定现阶段我国农村适度的替代率需求水平。

4.4 我国农村社会养老金替代率适度需求水平实证研究——基于 ELES 模型测算

4.4.1 基本思路、数据和假设

（1）基本思路

根据 ELES 模型和基于 ELES 的农村社会替代率需求水平测算模型，分

收入组分别测算边际消费倾向,验证了收入越低,边际消费倾向越高的结论。进一步比较了现金消费和包括非现金消费之间的差异,然后分消费大类测算了我国农村居民的基本消费需求和需求收入弹性。最后以前面的测算结果作为基础数据测算我国多层次的农村社会养老金目标替代率,从而确定替代率的适度需求水平。

(2)数据和假设

关于我国农村居民的基本需求测算采用《中国统计年鉴》和《中国住户调查年鉴》中 2004—2012 年的数据。其中《中国住户调查年鉴》是全面反映中国城乡居民收支和生活状况的资料性年鉴,其资料来源于国家统计局组织开展的城镇住户调查和农村住户调查,未包括香港、澳门特别行政区和台湾省数据。城乡居民收支数据分别按照城乡住户调查方案采集、汇总,编辑过程中尽量与以往年鉴的资料保持一致(国家统计局住户调查办公室,2013)。

假设:①养老金是农村老年人收入的唯一来源;②农村老年人的所有生活消费支出是在统计年鉴中所列出的八项基本消费。

4.4.2　我国农村居民基本需求测算结果

(1)边际消费倾向测算结果分析

表 4.4 是利用 2004—2012 年全国农村数据测算出来的不同收入等级组的边际消费倾向和边际储蓄倾向。显然,从边际消费倾向看,全国的平均值接近中等收入户值,低收入户的人均纯收入还不足以支付所有的消费支出,而中等偏下收入户的消费则几乎相当于所有的人均纯收入。随着收入的提高,消费所占的比例逐渐降低,储蓄开始增加。由于中国农民拥有土地的特殊性,有部分消费,尤其是食品消费是不需要完全用现金支付的,因此,用现金消费支出替代消费支出继续测算。

表 4.5 和表 4.4 相比,很显然,边际消费倾向值在各个组别中都略有下降,边际储蓄值略有上升,但是基本结论并没有改变,低收入户依然收不抵支;随着收入的上升,收入越高的农村居民,边际消费倾向越低,边际储蓄倾向越高。

表 4.4　全国农村居民各收入等级群体边际消费倾向(2004—2012 年)

	平均	低收入户	中等偏下户	中等收入户	中等偏上户	高收入户
常数	181.409	−541.567	−75.104	137.37	251.423	969.888
	※(2.379)	※(−2.598)	☆(−1.039)	☆(1.831)	※(2.540)	※(3.473)
边际消费倾向	0.724	1.824	0.940	0.751	0.655	0.500
	※(49.52)	※(13.946)	※(41.496)	※(46.155)	※(43.539)	※(22.302)
边际储蓄倾向	0.276	−0.824	0.060	0.249	0.345	0.500
R^2	0.997	0.965	0.996	0.997	0.998	0.986
F	2452.832	194.486	1721.887	2130.316	1895.635	497.359
	**	**	**	**	**	**

注:()中的数据为 T 检验值;☆表示在显著性水平 5% 下,未通过 T 检验;※表示在显著性水平 5% 下,通过 T 检验;** 表示在 5% 水平下,通过 F 检验。

数据来源:根据历年统计年鉴和本书测算得出。

表 4.5　全国农村居民各收入等级群体边际现金消费倾向(2004—2012 年)

	平均	低收入户	中等偏下户	中等收入户	中等偏上户	高收入户
常数	−200.79	−842.918	−444.464	−271.758	−174.337	573.032
	※(−2.360)	※(−3.663)	※(−4.807)	※(3.011)	(−1.660)	※(2.260)
边际消费倾向	0.707	1.731	0.904	0.732	0.645	0.496
	※(43.29)	※(11.995)	※(31.219)	※(37.425)	※(40.372)	※(24.384)
边际储蓄倾向	0.293	−0.731	0.960	0.268	0.355	0.504
R^2	0.996	0.954	0.993	0.995	0.996	0.988
F	1873.612	143.873	974.629	1400.658	1629.910	594.594
	**	**	**	**	**	**

注:()中的数据为 T 检验值;☆表示在显著性水平 5% 下,未通过 T 检验;※表示在显著性水平 5% 下,通过 T 检验;** 表示在 5% 水平下,通过 F 检验。

数据来源:根据历年统计年鉴和本书测算得出。

此外,比较 2004—2012 年间现金消费支出占消费支出的比例随时间的变化情况,有两个特点:一是在各收入等级群体间,随着收入的提高,现金消费比例在逐渐增加;二是随着时间的推移,所有收入等级群体的现金消费的比例都在增加。究其原因,主要是因为现金消费支出和消费支出的差异集中在食品上,随着收入提高,恩格尔系数下降,食品所占的比重越来越低,使得两者间的差异也越来越小。同时,随着城镇化的发展,越来越多的农民丧失了赖以生存的土地资源,也会导致非现金消费的来源减少。

因此,笔者认为用现金消费支出和消费支出两个不同的数据来计算边际消费倾向,虽然测算数值差异不大,结论也基本统一,但是要注意到边际现金消费倾向略小于边际消费倾向,这说明在计算以现金发放养老金时,可以参照现金消费支出标准,但是当农村老人劳动能力逐渐减弱时,最终要参考的还是消费支出标准。

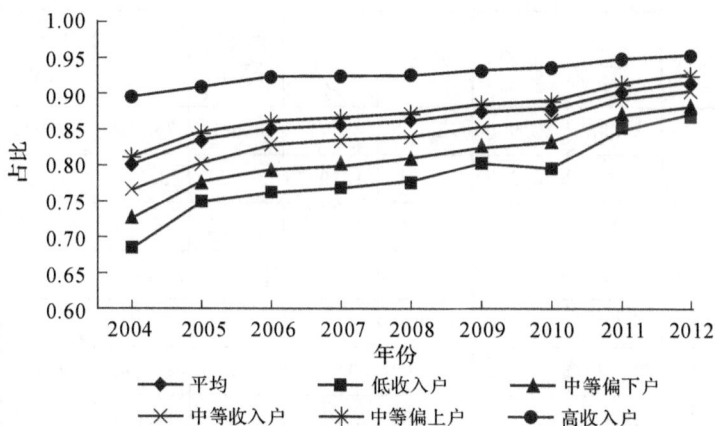

图 4.2 全国农村居民各收入群体现金消费支出占消费支出的比例(2004—2012 年)
数据来源:根据历年统计年鉴和本书测算得出。

根据以上分析,得出以下基本结论:①在计算以现金发放的养老金时,可以参照现金消费支出标准,但是随着农村老年居民劳动能力逐渐减弱时,最终要参考的还是包括了非现金消费支出的消费支出标准;②边际消费倾向随着收入的提高而降低,边际储蓄倾向随着收入的提高而增加。③低收入户的边际消费倾向大于 1,说明收不抵支,是政府关注的重点对象。对低收入户,更需要通过社会救助来养老,因为该群体在年青时可能就无力缴纳社会养老保险保费。

（2）分项目基本需求测算结果分析

根据前述公式，本书依次测算农村居民的基本需求。

首先，依据统计年鉴上的食品、衣着、居住、家庭设备及服务、交通和通讯、文教娱乐、医疗保健和其他八项消费支出，根据历年数据，依次估计出 α_i 和 β_i 值，并列出 T 值（为表4.6中带括号的值），R^2 和 F 值。

其中，R^2 的拟合度非常高，F 值全部通过检验，绝大多数 T 值在显著水平5％下。通过检验，个别与家庭设备及服务、交通和通讯、文教娱乐相关的 α_i 的 T 检验值偏高，但仅涉及个别年份和个别项目，2011年和2012年全部通过检验，因此基本不影响人均消费支出指标参数。具体数值见表4.6和4.7。

表4.6　全国农村居民人均消费支出指标参数估计值（2006—2012年）

年份	参数	食品	衣着	居住	家庭设备及服务	交通和通讯	文教娱乐	医疗保健	其他
2006	α_i	639.386	52.909	72.433	28.710	34.467	71.219	68.041	13.941
		(38.090)	(18.927)	(3.098)	(12.943)	(4.272)	(8.784)	(11.320)	(11.375)
	β_i	0.158	0.032	0.109	0.027	0.070	0.064	0.034	0.013
		(42.339)	(50.619)	(20.828)	(54.226)	(38.744)	(35.488)	(25.229)	(49.300)
	R^2	0.998	0.998	0.991	0.999	0.997	0.997	0.994	0.998
	F	1792.550	2562.311	433.825	2940.45	1501.108	1259.421	636.495	2430.539
2007	α_i	758.673	67.148	95.135	35.144	38.377	47.069	86.247	12.951
		(29.995)	(25.138)	(4.133)	(12.251)	(5.162)	(5.431)	(72.895)	(12.187)
	β_i	0.150	0.030	0.114	0.027	0.069	0.061	0.029	0.015
		(30.753)	(58.282)	(25.611)	(48.988)	(48.071)	(36.765)	(129.21)	(71.049)
	R^2	0.996	0.999	0.994	0.998	0.998	0.997	1.000	0.999
	F	945.769	3396.766	655.936	2399.817	2310.806	1351.663	16695.287	5047.985

续　表

年份	参数	食品	衣着	居住	家庭设备及服务	交通和通讯	文教娱乐	医疗保健	其他
2008	α_i	891.623	73.356	81.109	47.662	38.434	54.577	95.040	18.959
		(30.761)	(17.091)	(1.680)	(27.316)	(2.172)	(5.761)	(26.206)	(26.208)
	β_i	0.147	0.029	0.124	0.026	0.067	0.054	0.031	0.012
		(30.239)	(39.946)	(15.308)	(89.666)	(22.489)	(33.985)	(51.512)	(98.815)
	R^2	0.996	0.997	0.983	1.000	0.992	0.997	0.998	1.000
	F	914.370	1595.651	234.338	8040.052	505.751	1155.014	2653.482	9764.483
2009	α_i	909.912	83.642	156.969	71.530	42.328	60.127	116.546	16.390
		(35.241)	(18.588)	(3.134)	(10.212)	(1.891)	(6.569)	(18.988)	(6.041)
	β_i	0.139	0.029	0.124	0.026	0.069	0.054	0.033	0.013
		(35.019)	(41.159)	(16.078)	(23.69)	(20.031)	(38.125)	(34.666)	(31.041)
	R^2	0.997	0.998	0.985	0.993	0.990	0.997	0.997	0.996
	F	1226.299	1694.059	258.492	561.204	401.259	1453.508	1201.729	963.539
2010	α_i	1016.985	91.834	152.227	81.392	24.677	58.563	128.569	19.522
		(34.328)	(27.205)	(4.057)	(15.921)	(0.825)	(8.314)	(34.002)	(9.148)
	β_i	0.131	0.029	0.114	0.026	0.073	0.051	0.033	0.012
		(32.877)	(63.321)	(22.576)	(37.109)	(18.099)	(54.318)	(64.865)	(43.317)
	R^2	0.996	0.999	0.992	0.997	0.988	0.999	0.999	0.998
	F	1080.893	4009.542	509.671	1377.107	327.559	2950.485	4207.504	1876.326
2011	α_i	1251.327	140.945	328.262	122.314	127.557	97.313	279.331	38.661
		(40.491)	(19.066)	(9.201)	(15.932)	(5.195)	(8.646)	(30.084)	(14.799)
	β_i	0.122	0.028	0.090	0.027	0.059	0.042	0.022	0.012
		(34.822)	(34.047)	(22.268)	(30.555)	(21.434)	(33.355)	(21.330)	(40.062)
	R^2	0.997	0.997	0.992	0.996	0.991	0.996	0.991	0.998
	F	1212.576	1159.212	495.883	933.602	459.417	1112.578	454.978	1604.93

续　表

年份	参数	食品	衣着	居住	家庭设备及服务	交通和通讯	文教娱乐	医疗保健	其他
2012	α_i	1355.044	163.504	438.440	137.603	125.325	106.657	339.375	45.391
		(33.627)	(16.610)	(11.018)	(23.093)	(2.648)	(7.610)	(19.835)	(16.274)
	β_i	0.121	0.029	0.081	0.026	0.066	0.042	0.022	0.013
		(30.200)	(29.694)	(20.456)	(43.015)	(13.964)	(30.326)	(12.823)	(45.981)
	R^2	0.996	0.995	0.991	0.998	0.980	0.996	0.976	0.998
	F	912.034	881.723	418.468	1850.324	194.98	919.685	164.428	2114.254

数据来源：根据历年统计年鉴和本书测算得出。

表4.7　全国农村居民人均现金消费支出指标参数估计值(2006—2012年)

年份	参数	食品	衣着	居住	家庭设备及服务	交通和通讯	文教娱乐	医疗保健	其他
2006	α_i	251.988	52.234	44.382	28.222	34.467	72.219	68.041	13.741
		(31.255)	(18.768)	(1.700)	(12.697)	(4.272)	(8.784)	(11.320)	(11.212)
	β_i	0.160	0.032	0.108	0.027	0.070	0.064	0.034	0.013
		(88.995)	(50.841)	(18.533)	(54.109)	(38.744)	(35.488)	(25.229)	(49.300)
	R^2	0.999	0.998	0.988	0.999	0.997	0.997	0.994	0.998
	F	7920.113	2584.759	343.473	2927.801	1501.108	1259.421	636.495	2430.539
2007	α_i	331.404	66.299	65.016	34.605	38.377	47.069	86.247	12.651
		(25.490)	(23.831)	(2.482)	(12.006)	(5.162)	(5.431)	(72.895)	(11.905)
	β_i	0.151	0.030	0.113	0.027	0.069	0.061	0.029	0.015
		(60.344)	(55.957)	(22.235)	(48.805)	(48.071)	(36.765)	(129.21)	(71.049)
	R^2	0.999	0.999	0.992	0.998	0.998	0.997	1.000	0.999
	F	3641.443	3131.182	498.869	2381.947	2310.806	1351.663	16695.29	5047.985

年份	参数	食品	衣着	居住	家庭设备及服务	交通和通讯	文教娱乐	医疗保健	其他
2008	α_i	420.311	72.750	54.802	47.402	38.434	54.577	95.040	18.959
		(22.887)	(16.336)	(1.092)	(27.499)	(2.172)	(5.761)	(26.206)	(26.208)
	β_i	0.148	0.029	0.122	0.026	0.067	0.054	0.031	0.012
		(48.225)	(38.461)	(14.475)	(90.655)	(22.489)	(33.985)	(51.512)	(98.815)
	R^2	0.998	0.997	0.981	1.000	0.992	0.997	0.998	1.000
	F	2325.635	1479.284	209.531	8218.289	505.751	1155.014	2653.482	9764.483
2009	α_i	445.780	83.003	135.774	71.243	42.328	60.127	116.546	16.390
		(23.288)	(18.544)	(2.624)	(10.139)	(1.891)	(6.569)	(18.988)	(6.041)
	β_i	0.141	0.029	0.122	0.026	0.069	0.054	0.033	0.013
		(47.789)	(41.386)	(15.292)	(23.608)	(20.031)	(38.125)	(34.666)	(31.041)
	R^2	0.998	0.998	0.983	0.993	0.990	0.997	0.997	0.996
	F	2283.797	1712.815	233.846	557.358	401.259	1453.508	1201.729	963.539
2010	α_i	506.495	91.232	120.521	80.748	24.677	58.563	128.569	19.560
		(25.642)	(26.178)	(3.106)	(16.044)	(0.825)	(8.314)	(34.002)	(9.225)
	β_i	0.135	0.029	0.114	0.026	0.073	0.051	0.033	0.012
		(50.734)	(61.316)	(21.761)	(37.725)	(18.099)	(54.318)	(64.865)	(43.567)
	R^2	0.998	0.999	0.992	0.997	0.988	0.999	0.999	0.998
	F	2573.945	3759.702	473.541	1423.160	327.559	2950.485	4207.504	1898.074
2011	α_i	766.206	140.722	299.967	121.999	127.557	97.313	279.331	38.652
		(30.076)	(18.935)	(8.208)	(15.828)	(5.195)	(8.646)	(30.084)	(14.811)
	β_i	0.126	0.028	0.089	0.027	0.059	0.042	0.022	0.012
		(43.657)	(33.862)	(21.637)	(30.442)	(21.434)	(33.355)	(21.33)	(40.097)
	R^2	0.998	0.997	0.992	0.996	0.991	0.996	0.991	0.998
	F	1905.903	1146.633	468.162	926.711	459.417	1112.578	454.978	1607.805

续　表

年份	参数	食品	衣着	居住	家庭设备及服务	交通和通讯	文教娱乐	医疗保健	其他
2012	α_i	864.583	163.216	406.937	137.316	125.325	106.657	339.375	45.399
		(22.874)	(16.539)	(10.320)	(23.019)	(2.648)	(7.61)	(19.835)	(16.374)
	β_i	0.125	0.029	0.081	0.026	0.066	0.042	0.022	0.013
		(33.172)	(29.622)	(20.622)	(42.957)	(13.964)	(30.326)	(12.823)	(46.230)
	R^2	0.996	0.995	0.991	0.998	0.980	0.996	0.976	0.998
	F	1100.375	877.467	425.264	1845.306	194.98	919.685	164.428	2137.240

数据来源：根据历年统计年鉴和本书测算得出。

其次，根据表4.7，利用式(4.5)，计算得出全国农村居民的基本生活消费需求状况（表4.8）和现金消费需求状况表（表4.9）。比较两张表格，基本生活现金消费需求和消费需求的差异在大幅度缩小，从2004年相差60%，到2012年仅相差18.8%，主要差异在食品上。

表 4.8　全国农村居民基本生活消费需求状况(2006—2012年)　　单位：元

年份	基本需求	食品	衣着	居住	家庭设备及服务	交通和通讯	文教娱乐	医疗保健	其他
2006	1990.07	953.82	116.59	289.35	82.44	173.77	198.58	135.70	39.81
2007	2258.90	1097.51	134.91	352.65	96.13	194.24	184.86	151.76	46.83
2008	2550.51	1266.55	147.32	397.37	113.98	209.32	192.30	174.11	49.57
2009	2841.02	1304.81	166.03	509.26	145.40	238.36	213.54	210.30	53.32
2010	2963.78	1405.24	177.78	490.10	158.45	241.03	209.72	226.37	55.09
2011	3989.48	1738.04	252.65	687.32	230.03	362.94	264.87	367.10	86.53
2012	4518.90	1901.83	294.55	804.47	255.09	423.57	296.45	438.79	104.14

数据来源：根据历年统计年鉴和本书测算得出。

表 4.9 全国农村居民基本生活现金消费需求状况(2006—2012 年) 单位:元

年份	基本现金需求	食品	衣着	居住	家庭设备及服务	交通和通讯	文教娱乐	医疗保健	其他
2006	1148.97	435.82	89.00	168.47	59.24	114.90	145.75	107.11	28.68
2007	1349.84	535.23	106.79	217.55	71.05	131.52	129.41	125.39	32.90
2008	1990.76	714.94	130.48	297.67	99.16	171.81	162.08	156.75	257.85
2009	1893.16	712.72	137.90	366.74	120.47	172.96	162.36	179.02	41.00
2010	1955.15	770.44	147.93	343.41	131.58	167.40	158.28	193.09	43.02
2011	3145.79	1162.58	228.80	579.94	206.94	313.16	229.44	348.54	76.40
2012	3672.50	1323.65	269.72	704.41	232.80	367.71	260.90	420.17	93.14

数据来源:根据历年统计年鉴和本书测算得出。

表 4.8 和表 4.9 测算出的消费需求和现金消费需求状况与历年的各收入等级群体的实际消费情况相对比,基本和中等偏下户的实际消费情况类似,具体见表 4.10 和 4.11。综合前述测算的边际消费倾向,中等偏下户为 0.94,基本接近 1,也可以看出中等偏下户基本把收入都消费了,储蓄很少,刚刚能维持总的基本生活需求,属于第三层次需求水平。把表 4.8 和表 4.9 与全国实际平均消费支出、现金消费支出相比,由于高收入户的高消费明显拉高了消费水平,全国实际平均消费和现金消费要比测算出的基本消费需求分别高 30% 和 47% 左右。这也说明高出的这部分需求并不是基本需求,而是非基本需求。

表 4.10 全国农村居民中等偏下户实际消费状况(2006—2012 年) 单位:元

年份	基本需求	食品	衣着	居住	家庭设备及服务	交通和通讯	文教娱乐	医疗保健	其他
2006	2039.1	979.8	118.2	296.4	85.8	178.4	202.1	137.2	41.2
2007	2357.9	1128.5	139.2	374.1	99.3	207.5	197.2	162.7	49.5
2008	2652.8	1293.7	149.3	428.3	122.6	224.3	194.6	187.3	52.7
2009	2870.9	1317.2	164.3	534.4	141.9	240.4	210.5	209.9	52.4
2010	3219.5	1464.6	190.6	562.2	174.0	281.1	235.1	246.7	65
2011	3962.3	1729.9	250.4	677.5	225.3	354.7	267.2	372.7	84.7
2012	4464.3	1902.7	287.6	775.2	250.1	412.7	294.2	439.1	102.7

数据来源:根据历年统计年鉴整理得出。

表 4.11　全国农村居民中等偏下户实际现金消费状况(2006—2012 年)　单位:元

年份	基本现金需求	食品	衣着	居住	家庭设备及服务	交通和通讯	文教娱乐	医疗保健	其他
2006	1618.8	590.7	117.5	266.5	85.4	178.4	202.1	137.2	41.0
2007	1895.2	699.1	138.2	342.5	98.8	207.5	197.2	162.7	49.2
2008	2151.9	826.1	148.2	396.5	122.2	224.3	194.6	187.3	52.7
2009	2376.9	850.9	163.7	507.5	141.6	240.4	210.5	209.9	52.4
2010	2685.8	963.3	189.8	531.4	173.3	281.1	235.1	246.7	65.0
2011	3462.6	1260.0	250.1	648.3	224.9	354.7	267.2	372.7	84.7
2012	3946.1	1416.0	287.3	744.2	249.8	412.7	294.2	439.1	102.7

数据来源:根据历年统计年鉴整理得出。

　　再次,进行需求收入弹性分析,界定农村需求层次。

　　根据式(4.10)可以算出各年各消费项目的需求收入弹性。由于消费者的收入是决定需求的重要因素,因此不同消费品的需求收入弹性不同。一般来说,在正常商品的前提下,基本生活必需品的收入弹性在 0 和 1 之间,即需求量增加幅度不会超过收入增加的幅度,对消费者收入变化的反应不灵敏;而非生活必需品,如奢侈品等,对收入变化的反应会灵敏一些,一般收入弹性也会大于 1。因此,通过需求收入弹性分析,可以比较清晰地看到某类产品的需求量对收入水平的变化做出的敏感程度。

　　从表 4.12 和 4.13 可以看出,不管是现金还是包括非现金在内的消费,需求收入弹性在八类项目上都在 0 和 1 之间,表明这八类消费都属于生活必需品。从历年发展来看,除了文教娱乐项目,其他七项基本都有弹性减少的状况,这也说明随着人均纯收入的提高,农村居民对各项必需品的需求都开始变得必要起来,而不是仅仅着眼于食品一项。从各大类的具体敏感度来看,只有食品类消费支出有一定的差异,其他各大类的差异基本很小。具体来看,①食品:两张表格的差异比较明显。先看包括非现金消费在内的需求收入弹性,食品类的弹性在历年都比较稳定地保持在 0.40~0.47,略有下降的趋势,但是不明显。而现金消费的需求收入弹性范围在 0.53~0.69,一下子就提高了敏感度,而且历年下降的趋势比较明显。②衣着:基本都从 2006 年的 0.68 左右下

降到 2012 年的 0.58 左右。整体衣着的需求收入弹性要略高于食品。③医疗
保健:这是八项项目中需求收入弹性降低最快的一项,从 2006 年的 0.64 左右
下降到 2012 年的 0.34,已经成为八项中弹性最低的一项,比食品类的弹性还
低,这也说明随着人均纯收入的提高和恩格尔系数的降低,医疗已经成为农村
居民最需要的基本必需品。再细看各年份之间的差异,2011 年是个转折点,
2010 年医疗保健弹性还在 0.60 左右,而 2011 年一下子就降到 0.35 左右。这
可能和新型农村合作医疗保险的全覆盖有关,使得农村居民敢于把钱花在医
疗上。④居住:两张表的差异虽然不大,从 2006 年的 0.88 下降到 2012 年的
0.60 左右,但是可以看到现金消费需求收入弹性还是略高于总的消费性需求
收入弹性。这一方面和农村自有住房有关,另一方面也说明农村居住用于
住房上的支出已经越来越成为必需的一部分。⑤家庭设备及服务:基本和居住
类消费类似,弹性数值也差不多。⑥文教娱乐、交通和通讯、其他:这三类消费支
出的是八类项目中弹性最高的,相对其他 5 项来说,必需的程度有所降低。

　　根据以上的弹性系数和消费项目本身的特性,本书把八项消费支出按照
必需的程度从高到低进行了排序,依次为食品、衣着、医疗保健、居住、家庭设
备及服务、文教娱乐、交通和通讯、其他项目支出。同时做出了现阶段农村居
民的基本生活需求水平的界定,具体见前述表 4.2。

表 4.12　中国农村历年消费性需求收入弹性(2006—2012 年)

年份	食品	衣着	居住	家庭设备及服务	交通和通讯	文教娱乐	医疗保健	其他
2006	0.4657	0.6832	0.8337	0.7650	0.8694	0.7524	0.6369	0.7390
2007	0.4471	0.6423	0.8226	0.7498	0.8699	0.8262	0.5712	0.8370
2008	0.4377	0.6518	0.8696	0.7114	0.8855	0.8174	0.5999	0.7448
2009	0.4378	0.6428	0.7938	0.6542	0.8825	0.8170	0.5915	0.7966
2010	0.4306	0.6502	0.8079	0.6574	0.9371	0.8232	0.5992	0.7556
2011	0.4039	0.5724	0.6531	0.6099	0.7526	0.7393	0.3514	0.6863
2012	0.4122	0.5792	0.5902	0.6024	0.8004	0.7463	0.3390	0.6973

　　数据来源:根据历年统计年鉴和本书测算得出。

表 4.13　中国农村历年现金消费需求收入弹性(2006—2012 年)

年份	食品	衣着	居住	家庭设备及服务	交通和通讯	文教娱乐	医疗保健	其他
2006	0.6869	0.6861	0.8839	0.7680	0.8694	0.7524	0.6369	0.7414
2007	0.6461	0.6449	0.8663	0.7518	0.8699	0.8262	0.5712	0.8404
2008	0.6207	0.6540	0.9042	0.7130	0.8855	0.8174	0.5999	0.7448
2009	0.6154	0.6444	0.8137	0.6552	0.8825	0.8170	0.5915	0.7966
2010	0.6085	0.6517	0.8420	0.6591	0.9371	0.8232	0.5992	0.7556
2011	0.5324	0.5727	0.6676	0.6105	0.7526	0.7393	0.3514	0.6863
2012	0.5311	0.5796	0.6083	0.6029	0.8004	0.7463	0.3390	0.6977

数据来源:根据历年统计年鉴和本书测算得出。

4.4.3　我国农村社会替代率的适度需求水平测算

(1)多层次的农村社会养老金目标替代率需求水平测算

由于新农保制度试点是从 2009 年末开始的,因此本书的测算就从 2009 年开始。

依据式(4.12)—(4.20),以及测算出的各项基本需求和历年全国的平均人均纯收入,本书测算得出食品基本需求替代率、衣着基本需求替代率、医疗保健基本需求替代率、居住基本需求替代率、家庭设备及服务基本需求替代率、文教娱乐基本需求替代率、交通和通讯基本需求替代率、其他项目基本需求替代率。具体测算结果见表 4.14 和表 4.15。

从 2009—2012 年的替代率变化来看,两张表的区别表现在:①现金需求替代率整体低于包括非现金在内的需求替代率,这个结果和前述结果是一致的。②表 4.14 中食品、文教娱乐的需求替代率相对比较稳定,这说明这两项的消费需求随着人均纯收入的提高而有所上升,替代率就显得比较稳定。表 4.15 中只有文教娱乐的需求相对稳定,食品的现金需求替代率上升特别快,将近 5%,说明这几年对食品的现金需求的上升幅度显著高于人均纯收入的增长幅度,这和 2011 年、2012 年食品的物价水平上涨特别快有密切的关系。这也说明替代率包含了物价和通货膨胀的因素,需要制定包括物价水平等指标在内的替代率调整指数。

从两张表之间的共同点来看,其他六项消费需求的替代率均有所上升,其中医疗保健、居住、交通和通讯需求替代率的上涨幅度都比较大,为1%～3.5%,说明这三项的基本需求增长幅度高于农村人均纯收入的增长幅度。现金需求替代率中居住、交通和通讯的涨幅明显要高于包括非现金需求在内的消费需求替代率,医疗保健的差异则没有那么大,也说明居住、交通和通讯这两项的需求更受到现金的制约。

整体来看,历年需求替代率随着时间是有所变化的,当需求大于人均纯收入时,就会发生需求替代率上升的情况,其中也受到物价水平、农村居民的消费偏好等影响。

表4.14　分项目测算的全国农村目标替代率需求水平(2009—2012年)

年份	基本需求总和	食品	衣着	居住	家庭设备及服务	交通和通讯	文教娱乐	医疗保健	其他
2009	59.68%	27.41%	3.49%	10.70%	3.05%	5.01%	4.49%	4.42%	1.12%
2010	57.51%	27.27%	3.45%	9.51%	3.07%	4.68%	4.07%	4.39%	1.07%
2011	67.40%	29.36%	4.27%	11.61%	3.89%	6.13%	4.47%	6.20%	1.46%
2012	64.77%	27.26%	4.22%	11.53%	3.66%	6.07%	4.25%	6.29%	1.49%
平均值	62.34%	27.82%	3.86%	10.84%	3.42%	5.47%	4.32%	5.33%	1.29%

数据来源:根据历年统计年鉴和本书测算得出。

表4.15　分项目测算的全国农村目标替代率现金需求水平(2009—2012年)

年份	基本现金需求总和	食品	衣着	居住	家庭设备及服务	交通和通讯	文教娱乐	医疗保健	其他
2009	39.77%	14.97%	2.90%	7.70%	2.53%	3.63%	3.41%	3.76%	0.86%
2010	37.94%	14.95%	2.87%	6.66%	2.55%	3.25%	3.07%	3.75%	0.83%
2011	53.15%	19.64%	3.87%	9.80%	3.50%	5.29%	3.88%	5.89%	1.29%
2012	52.63%	18.97%	3.87%	10.10%	3.34%	5.27%	3.74%	6.02%	1.33%
平均值	45.87%	17.13%	3.37%	8.57%	2.98%	4.36%	3.52%	4.85%	1.08%

数据来源:根据历年统计年鉴和本书测算得出。

　　根据表 4.14 和表 4.15 的数据以及表 4.3 中的公式,测算出多层次的农村居民基本消费需求社会养老金目标替代率,具体见表 4.16 和表 4.17。从两张表的对比来看,①目标替代率都是随着需求层次的提高而不断提高,表 4.16 因为包括了非现金消费需求,因而其目标替代率要比表 4.17 的高。随着需求项目的增多,两张表的差距也在增大,差距从最基本生存需求替代率的 10% 拉大到基本生活总需求替代率的 16.5%,很明显,其中的主要差异是由食品需求替代率的差距引起的。②历年的目标替代率需求水平都在增长,说明这几年需求水平上涨速度超过了农村人均纯收入的增长速度。这也是为什么 660 元一年的基础养老金在 2009 年显得比 2012 年有用多了的主要原因。在对现金的消费需求有明显的提高后,基础养老金没有调整增长,其保障农村老年居民的作用就显得"杯水车薪"。

表 4.16　多层次的农村社会养老金目标替代率需求水平(2009—2012 年)

年份	第一层次		第二层次		第三层次	
	最基本生存需求替代率	基本生存需求替代率	基本生活需求替代率	基本温饱需求替代率	基本生活发展需求替代率	基本生活总需求替代率
2009	27.41%	30.90%	35.31%	46.01%	49.07%	59.68%
2010	27.27%	30.72%	35.11%	44.62%	47.70%	57.51%
2011	29.36%	33.63%	39.83%	51.45%	55.33%	67.40%
2012	27.26%	31.48%	37.77%	49.30%	52.95%	64.77%
平均值	27.82%	31.68%	37.01%	47.84%	51.26%	62.34%

数据来源:根据历年统计年鉴和本书测算得出。

　　(2)分收入等级的农村社会养老金目标替代率需求水平

　　由于表 4.16 和表 4.17 是用农村的平均人均纯收入作为替代率的基数的,并没有分收入等级进行测算,因此看不出农村社会养老金对不同的收入等级的影响。以下根据历年的农村五组收入等级,分别测算了分现金和包括非现金在内的目标替代率需求水平。具体数据见表 4.18—4.22。

表 4.17 多层次的农村社会养老金目标替代率现金需求水平(2009—2012 年)

年份	第一层次		第二层次		第三层次	
	最基本生存需求替代率	基本生存需求替代率	基本生活需求替代率	基本温饱需求替代率	基本生活发展需求替代率	基本生活总需求替代率
2009	14.97%	17.87%	21.63%	29.33%	31.86%	39.77%
2010	14.95%	17.82%	21.57%	28.23%	30.79%	37.94%
2011	19.64%	23.51%	29.40%	39.19%	42.69%	53.15%
2012	18.97%	22.84%	28.86%	38.95%	42.29%	52.63%
平均值	17.13%	20.51%	25.36%	33.93%	36.91%	45.87%

数据来源:根据历年统计年鉴和本书测算得出。

可以得出以下结论:①替代率随着收入的提高而逐渐降低,同时每一相同收入群体的现金需求水平要低于包括非现金在内的需求水平。②以单个项目看,食品需求占的比重最大,食物消费需求占低收入户人均纯收入的替代率最高,最低的是高收入户,符合恩格尔定律。③2009—2012 年消费需求增长的幅度超过了人均纯收入的增长幅度,造成替代率需求水平的上涨,需要综合考虑物价的因素和不同项目的消费需求状况,如增长较快的医疗保健需求等。但是也发现在这几年间,收入越高的群体,其需求替代率增长越缓慢,而收入越低的群体,其需求替代率增长越快,这说明一旦消费大幅度增长,由于低收入群体的人均纯收入远远跟不上消费支出速度,如果没有社会养老金等保障,遭受的老年风险会更大。④低收入户的人均纯收入仅能够负担在现金需求下的基本生活需求,2012 年起基本生活需求(包括食物、衣着和医疗保健支出需求)已经达到100%,而把非现金需求也要考虑进去的话,则仅能维持最基本生存需求(即仅有食物一项),这说明低收入户即使在劳动年龄,也没有能力缴纳基本生活需求之外的养老保险费用。⑤中等偏下户的人均纯收入能够负担在现金需求下的基本生活总需求,2012 年占到 86.3%,这意味着还有 13.7%的纯收入结余,可以用来负担养老保险缴费等其他费用。但是要注意到的是,在非现金需求下,2011 年开始就不能完全负担所有的基本需求,而是处于基本生活发展需求水平。其与基本生活总需求的差异主要集中在交通和通讯、文教娱乐上,对老年人基本生活的影响不是很大。⑥中等收入户及其以上收入户,其人均纯收入能够负担所有的基本生活总需求带来的消费,其中中等收入户的 2012 年基本生活总需求替代率为 70.66%,现金总需求替代率为 59.16%,而中等偏上户和高收入户的替代率则进一步降低。这意味着中等收入户能够在基本需求之外负担非基本需求,还可以有一定的储蓄。这说明在劳动年龄是中等收入户以上的人群,有能力负担社会养老保险费,甚至还有能力购买商业养老保险等。等他们老了,除了可以依靠传统的土地养老和家庭养老之外,还可以依靠个人储蓄养老、社会养老金养老,甚至商业养老金,真正成为有多支柱多层次养老保障的农村老人。

表 4.18　农村低收入户社会养老金目标替代率需求水平(2009—2012 年)

低收入户目标替代率需求水平					
年份	第一层次		第二层次		第三层次	
	最基本生存需求替代率	基本生存需求替代率	基本生活需求替代率	基本温饱需求替代率	基本生活发展需求替代率	基本生活总需求替代率
2009	87.00%	98.07%	112.09%	146.05%	155.74%	189.43%
2010	90.70%	102.18%	116.79%	148.42%	158.65%	191.30%
2011	92.95%	106.47%	126.10%	162.86%	175.16%	213.36%
2012	95.07%	109.79%	131.73%	171.94%	184.69%	225.89%
平均值	91.43%	104.13%	121.68%	157.32%	168.56%	204.99%
低收入户目标替代率现金需求水平						
年份	第一层次		第二层次		第三层次	
	最基本生存需求替代率	基本生存需求替代率	基本生活需求替代率	基本温饱需求替代率	基本生活发展需求替代率	基本生活总需求替代率
2009	47.52%	56.72%	68.65%	93.10%	101.14%	126.23%
2010	49.73%	59.28%	71.74%	93.90%	102.40%	126.20%
2011	62.18%	74.41%	93.05%	124.07%	135.14%	168.24%
2012	66.17%	79.65%	100.65%	135.86%	147.50%	183.58%
平均值	56.40%	67.51%	83.52%	111.74%	121.54%	151.06%

数据来源:根据历年统计年鉴和本书测算得出。

表 4.19 农村中等偏下户社会养老金目标替代率需求水平（2009—2012 年）

中等偏下户目标替代率需求水平					
年份	第一层次		第二层次		第三层次	
	最基本生存需求替代率	基本生存需求替代率	基本生活需求替代率	基本温饱需求替代率	基本生活发展需求替代率	基本生活总需求替代率
2009	44.46%	50.11%	57.28%	74.63%	79.58%	96.80%
2010	45.18%	50.90%	58.18%	73.94%	79.03%	95.30%
2011	48.00%	54.97%	65.11%	84.09%	90.44%	110.17%
2012	44.69%	51.61%	61.92%	80.82%	86.82%	106.18%
平均值	45.58%	51.90%	60.62%	78.37%	83.97%	102.11%

中等偏下户目标替代率现金需求水平					
年份	第一层次		第二层次		第三层次	
	最基本生存需求替代率	基本生存需求替代率	基本生活需求替代率	基本温饱需求替代率	基本生活发展需求替代率	基本生活总需求替代率
2009	24.28%	28.98%	35.08%	47.58%	51.68%	64.50%
2010	24.77%	29.53%	35.74%	46.78%	51.01%	62.86%
2011	32.10%	38.42%	48.05%	64.06%	69.78%	86.87%
2012	31.10%	37.44%	47.31%	63.87%	69.34%	86.30%
平均值	28.07%	33.59%	41.55%	55.57%	60.45%	75.13%

数据来源：根据历年统计年鉴和本书测算得出。

表 4.20 农村中等收入户社会养老金目标替代率需求水平（2009—2012 年）

中等收入户目标替代率需求水平					
年份	第一层次		第二层次		第三层次	
	最基本生存需求替代率	基本生存需求替代率	基本生活需求替代率	基本温饱需求替代率	基本生活发展需求替代率	基本生活总需求替代率
2009	31.04%	34.99%	40.00%	52.11%	55.57%	67.59%
2010	31.21%	35.16%	40.19%	51.08%	54.60%	65.83%
2011	33.28%	38.12%	45.15%	58.32%	62.72%	76.40%

续　表

年份	第一层次		第二层次		第三层次	
	最基本生存需求替代率	基本生存需求替代率	基本生活需求替代率	基本温饱需求替代率	基本生活发展需求替代率	基本生活总需求替代率
2012	30.64%	35.38%	42.45%	55.41%	59.52%	72.80%
平均值	31.54%	35.92%	41.95%	54.23%	58.10%	70.66%
中等收入户目标替代率现金需求水平						
	第一层次		第二层次		第三层次	
年份	最基本生存需求替代率	基本生存需求替代率	基本生活需求替代率	基本温饱需求替代率	基本生活发展需求替代率	基本生活总需求替代率
2009	16.96%	20.24%	24.50%	33.22%	36.09%	45.04%
2010	17.11%	20.40%	24.69%	32.32%	35.24%	43.43%
2011	22.26%	26.65%	33.32%	44.43%	48.39%	60.24%
2012	21.32%	25.67%	32.44%	43.78%	47.53%	59.16%
平均值	19.41%	23.24%	28.74%	38.44%	41.81%	51.97%

数据来源:根据历年统计年鉴和本书测算得出。

表 4.21　农村中等偏上户社会养老金目标替代率需求水平(2009—2012 年)

中等偏上户目标替代率需求水平						
	第一层次		第二层次		第三层次	
年份	最基本生存需求替代率	基本生存需求替代率	基本生活需求替代率	基本温饱需求替代率	基本生活发展需求替代率	基本生活总需求替代率
2009	22.01%	24.81%	28.36%	36.95%	39.40%	47.92%
2010	21.73%	24.48%	27.98%	35.55%	38.00%	45.83%
2011	23.36%	26.75%	31.69%	40.93%	44.02%	53.62%
2012	21.38%	24.70%	29.63%	38.68%	41.54%	50.81%
平均值	22.12%	25.18%	29.41%	38.03%	40.74%	49.54%

续　表

中等偏上户目标替代率现金需求水平					
年份	第一层次		第二层次		第三层次	
	最基本生存需求替代率	基本生存需求替代率	基本生活需求替代率	基本温饱需求替代率	基本生活发展需求替代率	基本生活总需求替代率
2009	12.02%	14.35%	17.37%	23.55%	25.59%	31.93%
2010	11.91%	14.20%	17.19%	22.49%	24.53%	30.23%
2011	15.62%	18.70%	23.38%	31.18%	33.96%	42.28%
2012	14.88%	17.92%	22.64%	30.56%	33.18%	41.29%
平均值	13.61%	16.29%	20.14%	26.95%	29.31%	36.43%

数据来源:根据历年统计年鉴和本书测算得出。

表 4.22　农村高等收入户社会养老金目标替代率需求水平(2009—2012 年)

高收入户目标替代率需求水平					
年份	第一层次		第二层次		第三层次	
	最基本生存需求替代率	基本生存需求替代率	基本生活需求替代率	基本温饱需求替代率	基本生活发展需求替代率	基本生活总需求替代率
2009	11.56%	13.03%	14.89%	19.40%	20.69%	25.16%
2010	11.41%	12.85%	14.69%	18.67%	19.95%	24.06%
2011	12.37%	14.17%	16.78%	21.67%	23.31%	28.40%
2012	11.33%	13.09%	15.70%	20.49%	22.01%	26.93%
平均值	11.67%	13.28%	15.52%	20.06%	21.49%	26.14%

高收入户目标替代率现金需求水平					
年份	第一层次		第二层次		第三层次	
	最基本生存需求替代率	基本生存需求替代率	基本生活需求替代率	基本温饱需求替代率	基本生活发展需求替代率	基本生活总需求替代率
2009	6.31%	7.53%	9.12%	12.37%	13.44%	16.77%
2010	6.25%	7.45%	9.02%	11.81%	12.88%	15.87%
2011	8.27%	9.90%	12.38%	16.51%	17.98%	22.39%
2012	7.89%	9.49%	12.00%	16.19%	17.58%	21.88%

续　表

年份	第一层次		第二层次		第三层次	
	最基本生存需求替代率	基本生存需求替代率	基本生活需求替代率	基本温饱需求替代率	基本生活发展需求替代率	基本生活总需求替代率
平均值	7.18%	8.60%	10.63%	14.22%	15.47%	19.23%

数据来源:根据历年统计年鉴和本书测算得出。

4.4.4　基本结论

在区分现金的情况下,通过上述测算、分析多层次的、分收入等级的农村社会养老金目标替代率需求水平,可以发现不同层次的基本需求、不同收入户的目标替代率有很大差异。社会养老金适度需求水平的界定,既要符合社会养老保险制度的性质和政策目标,在劳动年龄需要缴纳一定的社会养老保险费,达到退休年龄才能领取退休金,达到权利和义务的对等,又要能够满足农村老年居民的基本生活需求。综上分析,得出以下结论。

(1)目标替代率随着需求层次的提高而不断提高,并随着年份而增长,年需求水平上涨速度超过了农民人均纯收入的增长速度。

随着需求项目的增多和需求层次的提高,目标替代率在不断提高,这也说明需要的养老金水平随着需求的增加而增加。其中,医疗保健、居住、交通和通讯需求替代率的上涨幅度特别大,这也说明农民的消费结构中,这三个项目已经成了消费增长的重点。

历年的目标替代率需求水平都在增长,说明需求水平上涨速度超过了农村人均纯收入的增长速度。这也是为什么660元一年的基础养老金在2009年显得比2012年有用多了的主要原因。在对现金的消费需求有明显的提高后,基础养老金没有调整增长,其保障农村老年居民的作用就显得"杯水车薪"。

(2)在区分现金需求测算下,揭示出农民基于现金的消费和包括非现金在内的消费结构有差异,表现在目标替代率的现金需求水平更低,其中食品项目的需求差异特别大。

农民对于现金和非现金的确是有区别的,表现在目标替代率上,目标替代率的现金需求水平要低于包括非现金在内的水平。从具体项目看,对食品的目标需求替代率的差异特别大,2009—2012 年为 27.82%,而以现金测算的需求替代率仅仅为 17.13%。这也体现出农民现阶段还可以部分依赖土地养老。

但是在现金消费中,近几年对食品的目标替代率需求水平上升得特别快,4 年间已经上涨近 5%,说明对食品的现金需求上升的幅度显著高于人均纯收入的增长幅度。这和 2011 年、2012 年食品的物价水平上涨特别快有密切的关系,这既说明替代率包含了物价和通货膨胀的因素,需要制定与物价水平等指标相关的替代率调整指数,也说明随着城镇化和工业化的发展、食品消费结构的更新,农民依赖土地养老的程度已经日趋降低。

(3)从区分不同的收入等级分析结果看,目标需求替代率及其增长率随着收入的提高而逐渐降低,符合恩格尔定律。由于农民人均增长率和需求增长率的不同,低收入群体对社会养老保险和养老金的依赖程度高于高收入群体;

从分收入等级分析结果看,每一相同收入群体的现金需求水平要低于包括非现金在内的需求水平,食物消费需求占低收入户人均纯收入的替代率最高,最低的是高收入户,符合恩格尔定律;同时收入越高的群体,其目标需求替代率在这几年间增长越缓慢,而收入越低的群体,增长越快,这也说明了不同收入群体间,消费支出和农民人均纯收入的增长率不同。高收入群体的农民人均纯收入增长率高于消费支出增长率,而低收入群体正好相反。由于低收入群体的农民人均纯收入远远跟不上消费支出速度,如果没有社会养老金等保障,在老年遭受经济贫困的风险会大得多。

(4)从适度的农村社会养老金需求水平看,目标替代率的平均值掩盖了不同收入户的养老金需求替代率差异,建议以中等收入户的目标替代率需求水平适宜作为适度水平。

由于农村基尼系数的拉大,收入分配的不平等性日益凸显。经过平均后的农民人均纯收入事实上掩盖了不同收入户的收入差异问题。不同收入等级的边际消费倾向也不同,而且由于高收入户的收入拉高了平均农民人均纯收入,因此,不分收入等级的目标替代率的平均值掩盖了不同收入户的养老金需求替代率差异。

建议以中等收入户的目标替代率需求水平适宜作为适度水平。从分收入等级的需求替代率来看,中等收入户在劳动年龄的收入一方面能够负担现金消费的基本生活总需求,另一方面在用现金支付基本生活总需求之后,还有40%～48%①的纯收入可以用于非基本现金消费支出或储蓄,这就使得这部分群体有能力负担一定水平的社会养老保险费,在权利和义务之间达到对等。

和其他各收入等级比较,低收入户在劳动年龄就仅能维持以食物、衣着和医疗保健为主的基本生活现金需求水平,基本没有能力缴纳社会养老保险费;中等偏下收入户的缴费能力也在逐年下降,最低时仅余下13%的纯收入用于其他消费。因此,以低收入户或中等偏下收入户的人均纯收入作为基数测算会导致替代率水平偏高。中等偏上收入户及以上群体,除了负担基本需求之外,还可以负担适度水平的非基本需求,如果以中等偏上收入户及其以上人群的人均纯收入作为基数测算则会导致替代率水平偏低。综上,低收入户、中等偏下收入户和中等偏上收入户以上群体由于人均纯收入基数的偏低和偏高,其需求替代率都不适合在现阶段作为适度需求水平。

以上分析结果说明在劳动年龄是中等收入户以上的人群,有能力负担社会养老保险费,甚至还有能力购买商业养老保险等。等他们老了,除了可以依靠传统的土地养老和家庭养老之外,还可以依靠个人储蓄养老、社会养老金养老,甚至商业养老金,真正成为有多支柱多层次养老保障的农村老人。

(5)现阶段,适度的农村养老金目标替代率需求水平的下限值,可以用现金需求测算的中等收入户目标替代率需求水平中的最基本生存需求替代率作为起步,慢慢上升到包括非现金需求在内的最基本生存需求替代率,而上限值不能超过基本生活总需求。

用现金消费支出和消费支出两个不同的数据来计算边际消费倾向,虽然测算数值差异不大,结论也基本统一,但是要注意到边际现金消费倾向要略小于边际消费倾向,这说明在计算以现金发放养老金时,可以参照现金消费支出标准,但是当农村老人劳动能力逐渐减弱时,最终要参考的还是消费支出标准。

从需求层次来看,可以用第一层次中的最基本生存需求作为下限值,用第三层次中的基本生活总需求作为上限值。

---

① 40%～48%是100%减去2009—2012年最高的基本生活总需求替代率60%和4年的平均值52%得到。

5 适度的农村社会养老金替代率供给水平研究

第 4 章讨论分析了适度的社会养老金替代率需求水平,实际上讨论了在满足我国农村居民不同层次的基本需求水平时所要达到的需求替代率,该相对水平可以让农村老年居民避免遭受老年贫困的风险。但是,需求替代率的满足取决于政府、家庭和个人的负担能力,即供给能力,表明能否负担得起一定的成本。供给能力决定了需求替代率的实现程度。在有限的个人缴费能力和有限的各级政府财政负担能力等约束条件下,要有可持续的保障基本生活需求的水平。因此,社会养老金供给替代率能达到什么样的水平? 这是本章要重点解决的问题。

5.1 适度的农村社会养老金供给水平界定

5.1.1 社会养老保险供给水平理论基础

(1)跨期消费理论

从个人层面上说,养老是一种消费行为,是消费者出于对自己因年老而丧失劳动力或者丧失劳动收入的考虑,而对这一阶段的消费所需所做的一种取得收入的安排(李绍光,1998)。由于社会养老保险制度强调的是个人权利和义务的对等,个人缴费是典型行为,那就意味着个人会把一部分用于现时消费的收入通过社会养老保险制度移到退休后再进行跨期消费。从代内和代际来看,都存在了跨期消费问题。

　　从个人角度看,美国经济学家莫迪利亚尼(Franco Mordigliani)的生命周期假说(Life-Cycle Approach)以消费者行为理论为基础,论述了个人一生中的跨期收入再分配的问题,是养老金个人账户制度产生和发展的理论支点。莫迪利亚尼认为,一个理性消费者能够合理分配自己的收入和消费,从而实现一生效用的最大化,因此,个人和家庭的消费将取决于一生的收入,而不是现期收入,要使一生的收入与消费相等。他认为从个人生命的不同时期来看,消费与收入水平之间的关系是不同的。在工作期内,收入将大于消费,并有储蓄,而在退休之后,收入小于消费,消耗储蓄。以此,人们把当前和未来预期能得到的收入按比例分配到一生的各个时期,即平滑一生的收入来做消费决策。

　　从收入和消费看,往往不仅涉及一个人的一生,还涉及工作期和退休期的两代之间的收入和消费问题。另一个理论,代际交叠模型(Over Lapping Generation Model,OLG)由阿莱(Allais,1947)、萨缪尔森(Samuelson,1958)提出,其后戴蒙德(Diamond,1965)又加以发展。OLG 模型假定:在任何一个时刻都生活着不同时代的人,由年轻人和老年人两代人组成。每一代人在其生命的不同时期与不同代的人进行交易,同时也允许不同代际的消费者有差异性的消费行为。差异性表现在年轻人把劳动收入分为消费和储蓄,老年人以消费为主。由此,OLG 模型涉及的是如何在两代之间进行跨期消费和收入的再分配。在 OLG 模型的基础上,还能够比较不同的养老金模式的优劣,如亨利·艾伦(H.J. Aaron)在萨缪尔森研究的基础上,提出了艾伦条件(Aaron Condition),证明当缴费率不提高的情况下,如果一国的劳动人口增长率与实际工资增长率之和大于实际市场利率时,现收现付制比基金积累制更有利于养老保险福利的帕累托改进。

　　(2)"有限财政"理论

　　米红和杨翠迎(2007)提出"有限财政"理论,并以此理论创新地提出有限财政责任下的农保制度建设方案。所谓"有限财政"就是指政府对农保所提供的保险费补贴和承担的养老金支付风险是在特定人群与特定时段内的一种限额限时责任,它是基于我国农村人口结构、人口发展阶段和人口变动特征以及未来我国城乡经济发展的区域特征以及中央财政转移支付能力的发展预测分析等因素,在科学的精算和预测方法下进行测算的,确保政府的财政责任在有限的时段内安全、无风险地度过人口未来的养老金领取高峰期。"有限财政"并未违背财政对养老待遇终身享受承担基金支付的兜底作用。"有限财政"理论认为农村养老保险属于缴费型社会保险,政府必须承担责任,但是政府责任是有限的,是适度的,对将来发生的风险必须是可以掌控的;政府的责任是分时间段的,财政的投入预算也是要保证在1950—1958年及1962—1973年两次生育高峰出生的养老人群的养老金的无风险支付。基于"有限财政"理念的中国农村养老保险制度有诸多优越性:①制度可持续性强;②有限的缴费水平在农民可承受的能力之内;③保障水平能够满足基本生活需要;④既体现了政府的责任,财政压力又在政府可承受的范围内。

5.1.2 适度的社会养老保险供给水平界定

世界银行认为社会养老保险制度的目标应提供一个充足的、可负担、可持续且稳健的待遇水平(霍尔兹曼和欣兹,2006)。养老金替代率作为衡量养老金水平的相对指标,同样需要体现社会养老保险制度的目标。由于充足性更多地可以衡量养老金需求替代率,因此不在供给水平这里单独阐述。本书主要从可负担性、可持续性和稳健性这三项目标来界定适度的社会养老保险供给水平。

(1)可负担性

霍尔兹曼和欣兹(2006)认为可负担性指的是个人和社会融资能力。缴费水平和各项补贴不超过个人、社会和政府财政的负担能力。

从供给能力的角度来看,社会养老保险的可负担性实际上是个人、社会和政府财政的供给能力,这也决定了社会保险资金的筹集水平。从宏观的角度来看,和国家、地区的总体经济发展水平有关。但是具体来看,和政府财政收入水平、居民收入水平、居民储蓄水平等直接相关。因此,如果缴费水平和各项补贴超过了个人、社会和政府财政的负担能力,不仅使得个人不愿意加入社会养老保险制度,政府无力承担过高的开支,而且会导致社会养老保险制度成为经济发展的阻碍。个人、社会和政府财政的负担能力,既是保障社会保险供给能力的前提和基础,又是社会保险供给能力的约束值。

（2）可持续性

霍尔兹曼和欣兹（2006）认为可持续性指的是现在和将来养老金计划所应具有的财务稳定性。因此,他们认为的可持续性主要体现在财务水平上。

本书认为由于社会保险的资金来源于个人、社会和政府财政,因此,社会养老保险制度的财务稳定性很大程度上取决于养老保险费的筹集否可持续、养老金的待遇领取是否可持续、养老金收支平衡是否可持续。

①养老保险费筹集的可持续性取决于个人缴费能力、社会中的企业缴费能力和政府的财政补贴能力的可持续性,这和宏观经济发展、微观经济中企业发展和个人收入水平密切相关,都需要在可负担的范围之内,不能超过适度的水平;②养老金的待遇领取是否可持续表现在是否能够维持已有或者更高的待遇领取水平,是否能够让符合条件的被保险人持续领取,并且待遇领取水平能否起到保障的作用,而这不仅仅和资金的筹集水平有关,还取决于养老金基金的投资运行是否得当,以及养老金制度模式是否符合人口经济等发展状况;③养老金收支平衡是否可持续主要表现在单年或者若干年内的"收"是否大于或者等于"支",使得养老金基金能够始终维持在可支取的状态。

（3）稳健性

霍尔兹曼和欣兹（2006）认为稳健性是指在未来无法预知的条件和环境下,养老金制度具有抵抗风险冲击并保持制度可行性的能力,主要指养老金制度要有能力长期维持收入替代率的目标。本书认为从稳健性的反义词来说,不仅仅要能抵抗风险冲击的能力,还需要有应对不确定性的能力。尼古拉斯·巴尔（2006）认为养老金制度所面临的风险和不确定性是不同的,面对风险,可能的结果的概率分布是已知的或可估计的,因此精算保险能够应付不确定性,但是不能应付不确定性。尼古拉斯·巴尔（2006）认为养老金制度面临的不确定性至少包括宏观经济的冲击、人口的波动、政治风险、经营风险、投资风险和年金市场风险。

从基础养老金替代率公式（3.1）和个人账户养老金替代率公式（3.15）来看,长期维持收入替代率取决于分子,而不是分母,这就意味着不仅政府要有能力长期缴纳基础养老金,个人要有能力缴纳社会养老保险费,而且在国民经济发展水平下降,养老基金出现经营不善甚至出现亏空,投资受到多种影响,导致收益率偏低甚至为负,再加上经历人口养老高峰,甚至政治上的不稳定,仍然有能力维持社会养老保险制度的运行。本书认为这取决于财政制度和转移支付制度的保障、社会保障体制的完善以及社会养老保险基金的管理等多重因素。

①从财政制度看,社会保险的资金来源也需要政府财政公共支出的保障。社会保险资金的筹集与社会救济、社会福利等资金来源有区别,如社会保险需要体现参保人的权利和义务的对等关系,而社会救济、社会福利、特殊保障制度不强调这种对等关系,往往更偏向于权利,因此,社会保险制度中,被保险人的权利在一定程度上取决于被保险人缴费的多少。缴费是非常重要的资金来源。从社会保障的发展来看,包括英国在内的不少国家受到《贝弗里奇报告》的影响,认为社会保险体系应该覆盖全体国民,这种普遍保障的思想使得个人所得到的待遇水平脱离了缴费,保障了全体国民都能享受到最低保障待遇。世界银行(1994)认为这种"非缴费型"养老金的目的就是为了消除老年贫困,为老年人提供基本的收入保障。Johnson and Williamson(2006)认为非供款的普惠年金制度在低收入国家也是适用的。从普惠制的角度看,包括零支柱在内的多支柱的社会养老保险制度,事实上并没有强调权利和义务的对等关系完全是建立在待遇领取和缴费的基础上的,而是容纳了国家干预主义、福利经济学等多种思想,强调了国家对于人民经济管理和保障基本福利的职能和重要性。因此,社会保险的资金来源也需要政府财政公共支出的保障,这种保障使得养老金制度抵抗风险冲击的能力大大提高。

②从社会保障制度的完善看,包括社会保险、社会救济、社会福利和特殊保障制度(李珍,2001)等在内的多样化的社会保障制度可以满足不同类型的人群保障需求。人的一生中不一定是一帆风顺的,有可能因疾病、意外、失业等多种原因导致无法再正常缴纳社会养老保险费,这时,社会救济、特殊保障制度等就可以发挥社会保障作用,保障公民享有满足基本生活需求的权利。社会救济是当公民难以维持最低生活需求时需要的社会保障制度,特殊保障制度则是专门为某一类人群如军人、残疾人等设立的社会保障制度(李珍,2001)。因此,当个人缴费能力不足,不能缴纳社会保险费时,完善的社会保障制度可以使得公民仍然在社会保障制度内,享有基本的社会保障权利,也提升

了公民抵抗风险冲击的能力。

③从社会养老保险基金的管理及其运行能力看,提高投资的安全性和收益性以及管理的效率,完善管理,提高运行能力,能够有效抵抗多重风险。社会养老保险基金的管理和运行不仅仅是为了保证资金的筹集和给付,还为了基金本身的保值增值。有效而合理的管理模式能够应对长期的人口结构的变化和经济的变化,把风险进行合理分摊和转移。兼具安全性和收益性的基金投资不仅能够保障基金的给付,而且能够促进经济的发展。

综上,可负担性、可持续性和稳健性三项目标作为社会养老保险水平的界定,涉及的相关因素各有侧重,也有相互交叉重叠的方面,在不同的国家和地区实施时,需要结合不同模式的养老保险制度进行分析。

5.1.3　我国农村社会养老保险水平适度供给水平界定及其模型

结合我国农村社会养老保险制度,在此具体界定适度的农村社会养老保险供给水平。首先,从农村社会养老金的供给来看,主要来源于政府、家庭和个人三方面。但是政府、社会和个人具体能够拿出多少钱用于农村社会养老金,是个非常复杂的问题,涉及问题很多,不仅要考虑微观问题,即个人的养老问题,而且要考虑宏观问题,即要使得全体农村老年人都能老有所养;不仅要考虑个人和家庭的缴费能力,而且要考虑政府的财政负担水平;不仅要考虑目前的养老金水平问题,而且要考虑将来的养老金水平能否可持续的问题。

因此,从适度供给水平来看,要明确以下三个方面,即界定的内容、界定内容的范围以及将来的调整,从而使得供给水平在一定范围内正常波动,并可持续发展。

本书以"有限财政"理论作为指导,结合新农保制度和城乡居保制度的特点,在可负担性、可持续性和稳健性的界定下,认为供给水平主要和个人缴费负担、各级政府财政补贴和养老保障水平有关。

（1）适度的各级政府财政负担水平

1）各级政府财政负担水平基本含义及其构成

各级政府财政负担水平体现的是各级政府财政对新农保的供给水平是否在财政的承受范围内。适度的各级政府财政负担水平既让各级政府财政对新农保的供给水平在财政的承受范围内,又保障了农村社会保险保障水平能够保障老年农民的基本生存水平。其上限值和下限值的界定使得各级政府财政供给水平在合理的区间范围内波动。

在新农保制度中,从各级财政补助来看,主要分为中央财政和地方政府财政补贴。从财政补贴类型来看,按照缴费和待遇领取可以分为政府"出口"补贴和政府"进口"补贴。

根据新农保制度《试点方案》,基础养老金,即"出口",主要由中央财政补助。其中,中央财政对中西部地区的基础养老金实行全额补助,东部地区由中央和地方财政分别负担50%。截至2012年年末,新农保制度已全覆盖,新农保财政投入补助总计超过了2620亿元,其中中央财政向新农保投入补助总计2320亿元。新农保制度从2009年年末开始试行,试点范围从10%逐步扩大,直到2012年年末制度全覆盖,每年的中央财政支出都在逐渐扩大,从2009年下达10.8亿元补助,2010年下达53亿元补助,2011年131亿元左右,2012年年末达到2100亿元左右。中央财政补助金额在迅速增加。

再看地方财政投入,到2012年年末,连同补"出口"和"进口"两个部分,各级地方财政投入300多亿元。从地方财政补"出口"来看,主要包括:①东部地区负担的50%基础养老金;②部分地区在《试点方案》基础上提高的基础养老金标准,如第3章中提到的浙江省;③地方政府为鼓励农民多缴多得、长缴多得而作为激励政策加发的基础养老金。从地方财政补"进口"来看,主要包括:①地方政府应当对参保人缴费给予补贴,补贴标准不低于每人每年30元;②对选择较高档次标准缴费的,即"多缴多得"部分,地方政府可给予的适当鼓励,补在"进口"的部分就作为"进口"补贴;③地方政府为农村重度残疾人等缴费困难群体代缴部分或全部最低标准的养老保险费。

从以上现实数据看,中央财政在2012年年末达到2100亿元左右,各级政府财政负担的重头在中央财政;从账户来看,负担的重头是在基础养老金水平,即政府的"出口"财政补贴。中央财政主要补贴的是基础养老金,而各级地方财政投入的300多亿元包括了东部地区各省补助的每人每年660元基础养老金的一半,因此政府出口财政补贴和进口财政补贴的重头在基础养老金总额。

也要注意到人口数量对财政负担的影响。从老年人口数量和参保缴费人口数量的影响来看,重点在老年人口数量,老年人口数量越多,财政负担越重。

2)各级政府财政负担水平基本模型

综上,按照各级政府财政、缴费和待遇领取、基础养老金和个人账户养老金三种划分方式,各级政府财政负担水平的基本模型为:

$$v_F = \frac{G_t + g_t}{F_t} = \frac{F_a + F_\beta}{F_t} = \frac{P_B + P_{IF}}{F_t} \tag{5.1}$$

其中,t 代表年份,v_F 代表财政负担水平,中央财政补贴为 G_t,地方财政补贴为 g_t,"出口"补贴总额为 F_a,"进口"补贴总额为 F_β,基础养老金总额为 P_B,由政府进口补贴纳入到个人账户养老金的总额为 P_{IF},F_t 代表 t 年达到的全国财政收入总额。

在基本模型的基础上,可以对每个模型进行深入分析,并具体定义每个变量。

第一,根据各级政府财政分为中央财政和地方政府财政补贴,可以列出以下模型:

$$v_F = \frac{G_t + g_t}{F_t} = \frac{\sum_{d=1}^n G_{d,t} + \sum_{s=1}^n g_{s,t}}{F_t} \tag{5.2}$$

其中,t 代表年份;中央财政补贴为 G,$G_{d,t}$ 代表 t 年中央财政补贴 d 区域的金额,d 分为东、中、西三大区域;地方财政补贴为 g,$g_{s,t}$ 代表 t 年 s 省份地方财政补贴的金额;F_t 代表 t 年达到的全国财政收入总额。

接着,再对中央财政和地方财政根据具体出资的去处进行分解,

$$G_t = \sum_{d=1}^n G_{d,t} = G_{D,t} + G_{Z,t} = 0.5 p_t L_{D,x,t} + p_t L_{Z,x,t} \tag{5.3}$$

其中,$G_{D,t}$ 代表 t 年中央财政补贴东部区域的基础养老金金额,$G_{Z,t}$ 代表 t 年中央财政补贴中、西部区域的基础养老金发放金额,$L_{x,t}$ 代表 t 年达到领取待遇年龄 x 周岁的参保人数。

$$g_t = 0.5 p_t L_{D,x,t} + \sum_{s=1}^n b_{s,t} L_{s,60,t} + j_t \sum_{s=1}^n \sum_{i=16}^{59} l_{s,i,t} + \sum_{s=1}^n q_{s,t} \tag{5.4}$$

其中,$L_{D,x,t}$ 代表 t 年东部区域达到领取待遇年龄 x 周岁以上的基础养老金发

放金额，$b_{s,t}$ 代表 t 年 s 省在新农保《试点方案》基础养老金的标准上增加的基础养老金发放标准，j_t 代表 t 年地方政府补贴给每位缴费参保人的年参保补贴金额，$\sum\limits_{i=16}^{59} l_{s,i,t}$ 代表 t 年 s 省达到参保年龄 16 周岁到 59 周岁的缴费参保人数，$q_{s,t}$ 代表 t 年 s 省由激励政策产生的额外出口补贴和进口补贴金额。

把式(5.3)和(5.4)代入式(5.2)，可得：

$$v_F = \frac{G_t + g_t}{F_t}$$

$$= \frac{0.5 p_t L_{D,x,t} + p_t L_{Z,x,t} + 0.5 p_t L_{D,x,t} + \sum\limits_{s=1}^{n} b_{s,t} L_{s,60,t} + j_t \sum\limits_{s=1}^{n} \sum\limits_{i=16}^{59} l_{s,i,t} + \sum\limits_{s=1}^{n} q_{s,t}}{F_t}$$

$$(5.5)$$

第二，按照缴费和待遇领取可以分为政府"出口"补贴和政府"进口"补贴，则式(5.5)可以进一步变换为：

$$v_F = \frac{F_\alpha + F_\beta}{F_t} \qquad (5.6)$$

其中，

$$F_\alpha = 0.5 p_t L_{D,x,t} + p_t L_{Z,x,t} + 0.5 p_t L_{D,x,t} + \sum\limits_{s=1}^{n} b_{s,t} L_{s,x,t} + \gamma \sum\limits_{s=1}^{n} q_{s,t}$$

$$= p_t L_{D,x,t} + p_t L_{Z,x,t} + \sum\limits_{s=1}^{n} b_{s,t} L_{s,x,t} + \gamma \sum\limits_{s=1}^{n} q_{s,t}$$

$$= p_t L_{x,t} + \sum\limits_{s=1}^{n} b_{s,t} L_{s,x,t} + \gamma \sum\limits_{s=1}^{n} q_{s,t} \qquad (5.7)$$

$$F_\beta = j_t \sum\limits_{s=1}^{n} \sum\limits_{x=16}^{59} l_{s,x,t} + (1-\gamma) \sum\limits_{s=1}^{n} q_{s,t} \qquad (5.8)$$

其中，"出口"补贴总额为 F_α，"进口"补贴总额为 F_β，γ 代表激励政策中属于出口财政补贴的部分比例，$(1-\gamma)$ 代表激励政策中属于进口财政补贴的部分比例。

第三，再根据基础养老金和个人账户养老金进行划分，则式(5.8)中的政府"出口"补贴总额 F_α 即为基础养老金总额，而政府"进口"补贴 F_β 和个人缴费总额一起纳入到个人账户养老金总额当中去。

假设基础养老金总额为 P，则：

$$v_F = \frac{P_B + P_{IF}}{F_t}$$

$$F_\alpha = P_B = p_t L_{x,t} + \sum_{s=1}^{n} b_{s,t} L_{s,x,t} + \gamma \sum_{s=1}^{n} q_{s,t}$$

$$F_\beta = P_{IF} = j_t \sum_{s=1}^{n} \sum_{x=16}^{59} l_{s,x,t} + (1-\gamma) \sum_{s=1}^{n} q_{s,t}$$

其中,基础养老金总额为 P_B ,由政府进口补贴纳入到个人账户养老金的总额为 P_{IF} 。

第四,根据地方政府财政补贴,在中央财政补贴的基础上,可以进一步分解测算每人年平均政府出口财政补贴和年平均政府进口财政补贴。

基于以上分析,结合式(5.8)—(5.10),可以得到以下政府财政负担水平公式:

$$v_F = \frac{P_B + P_{IF}}{F_t}$$

$$= \frac{p_t L_{x,t} + \sum_{s=1}^{n} b_{s,t} L_{s,x,t} + \gamma \sum_{s=1}^{n} q_{s,t} + j_t \sum_{s=1}^{n} \sum_{i=16}^{59} l_{s,i,t} + (1-\gamma) \sum_{s=1}^{n} q_{s,t}}{F_t} \quad (5.10)$$

$$= \frac{p_t L_{x,t} + j_t \sum_{s=1}^{n} \sum_{i=16}^{59} l_{s,i,t} + \sum_{s=1}^{n} b_{s,t} L_{s,x,t} + \sum_{s=1}^{n} q_{s,t}}{F_t}$$

其中, $L_{x,t}$ 代表 t 年 x 周岁以上符合新农保领取待遇条件的各省农民的总和, $\sum_{s=1}^{n} \sum_{i=16}^{59} l_{s,i,t}$ 代表 t 年16~59周岁符合新农保参保条件并且已经缴费的各省农民的总和, $\sum_{s=1}^{n} q_{s,t}$ 代表 t 年各省地方政府为新农保制度激励政策等付出的财政总和。

进一步界定各级政府财政负担水平,分解测算每人年平均政府出口财政补贴和年平均政府进口财政补贴。

假设:

i. $\sum_{s=1}^{n} q_{s,t} = q'_t L_{60,t} + q''_t \sum_{i=16}^{59} l_{i,t}$,即各级政府财政用于激励政策的财政开支分为出口财政补贴 $q'_t L_{60,t}$ 和进口财政补贴 $q''_t \sum_{i=16}^{59} l_{i,t}$,其中 q' 为平均每人增

加的基础养老金发放标准，q''_t 为平均每人增加的进口财政补贴发放标准；

ii. $\sum_{s=1}^{n} b_{s,t} L_{s,60,t} = b'_t L_{60,t}$ ，即 b'_t 为各省地方政府平均增加的基础养老金发放标准；

iii. p'_t 为 t 年每个达到领取待遇年龄的农村居民所能获得的年平均基础养老金，即每人年平均政府出口财政补贴，j'_t 为 t 年地方政府补贴给每位缴费参保人的年平均参保补贴金额，即每人年平均政府进口财政补贴。

式（5.10）可以改写为：

$$
\begin{aligned}
v_F &= \frac{P_B + P_{IF}}{F_t} \\
&= \frac{p_t L_{60,t} + j_t \sum_{i=16}^{59} l_{i,t} + b'_t L_{60,t} + q'_t L_{60,t} + q''_t \sum_{i=16}^{59} l_{i,t}}{F_t} \\
&= \frac{(p_t + b'_t + q') L_{60,t} + (j_t + q'') \sum_{i=16}^{59} l_{i,t}}{F_t} \\
&= \frac{p'_t L_{60,t} + j'_t \sum_{i=16}^{59} l_{i,t}}{F_t}
\end{aligned}
\tag{5.11}
$$

其中，$p'_t = p_t + b'_t + q'$ ，$j'_t = j_t + q''$。由此，$P_B = p'_t L_{60,t}$ ，$P_{IF} = j'_t \sum_{i=16}^{59} l_{i,t}$。

由式（5.11）也可以得出基础养老金财政负担和个人账户养老金财政负担公式：

$$
v_{BF} = \frac{P_B}{F_t} = \frac{p'_t L_{60,t}}{F_t}
\tag{5.12}
$$

$$
v_{IF} = \frac{P_{IF}}{F_t} = \frac{j'_t \sum_{i=16}^{59} l_{i,t}}{F_t}
\tag{5.13}
$$

从式（5.11）可以看出，财政负担水平同每人年平均出口补贴、年平均进口补贴、老年人数量、参保缴费人口数量相关。

3）适度的各级政府财政负担水平的下限值界定及其约束条件

对各级政府财政负担水平的上限值和下限值进行适度的界定，可以使得各级政府财政供给水平在合理的区间范围内波动。首先界定下限值。

从各级政府财政负担水平来看,下限值的界定要从保障农村老年人的基本生存水平出发,但是也要考虑到现实的经济发展水平。

第一,从养老金水平看,依据公平正义理论,养老金水平的下限值应该至少要保障老年人的基本生存水平。

新农保制度的个人养老金水平应该是基础养老金加上个人账户养老金水平。就个人账户养老金水平和基础养老金水平的分担来看,其实体现的是个人、家庭和政府在其中承担的不同责任。不可否认的是,从各派的理论发展和历史演进来看,从政府干预主义到第三条道路的争论,可以得出共识,即提供基本的生存保障是政府的责任和义务(曹信邦,2011)。穆怀中(2008)等认为养老金水平的下限值应该至少要保障老年人的基本生存水平。现阶段我国经济发展水平还不高,让政府完全承担全体农村居民的基本养老经济责任不太现实,还需要依靠个人和家庭,甚至还需要土地保障,才能够满足老人的基本生活需求。

从现实依据来看,基于第 3 章和第 4 章的测算,可知目前基础养老金水平还偏低,中央财政也没有对基础养老金水平进行统一的调整,跟不上农民人均纯收入的增长率;基础养老金替代率水平也偏低,使得老人仅仅依靠基础养老金还不能满足基本生活需求,需要依靠个人账户养老金才有可能达到第一层次以上的基本生活需求水平。

因此,政府财政负担水平下限值的界定,既和老年人的基本生存水平有关,也与现阶段个人能够提供的缴费水平有关。同时也要注意一个问题,即下限值不能超过各级政府的财政负担能力。

第二,基础养老金水平和个人账户养老金水平的关系类似低保的补差性质,由此看各级政府财政负担水平下限值,实际上和个人缴费负担水平密切相关。

事实上国家新农保制度之所以在 2009 年提出每人每月 55 元作为基础养老金,是参考了 2008 年的全国农村低保人均补助水平 50.4 元/月。2008 年全国农村低保的平均标准是每人 82.3 元/月,低保人均补助水平之所以低于低保,是因为最低生活保障金额事实上具有补差的性质,即按照低保家庭人均收入低于当地低保标准之间的差额进行发放。事实上这就考虑到个人和家庭在已有收入的基础上,要维持基本生活水平,还需要的社会救助水平。新农保制度在个人账户养老金的基础上,还需要基础养老金水平,达到基本生活水平,可以看到基础养老金和低保补差非常类似,也体现出了个人、家庭和政府之间责任的分担。

但是基础养老金水平在 2010 年以后并未和低保人均补助水平一样上升,到 2013 年每人每月 55 元的标准已经远远低于农村低保人均补助每月 116 元的水平。可能是因为以下三个因素:①发放的人数不同。农村老人的数量远远多于享有农村低保的人数,因此,各级政府财政对新农保基础养老金的补贴总金额也要多得多,负担也要大得多。②原有收入水平不同。低保发放的对象是以家庭为单位,家庭人均收入低于当地最低生活保障标准的家庭户,而基础养老金不论家庭人均收入是否低于当地最低生活保障标准,都要发放。因此,所有农村老年人的家庭人均收入水平肯定要高于低保发放对象家庭的人均收入水平。③社会养老保险水平具有"刚性"性质,易升难降,需要慎重。同时新农保制度从 2009 年年末直到 2012 年才全面推开,期间作为试点,还在评估总结阶段。

基于基础养老金水平和低保补差水平的讨论,可以进一步明确,在保障基本养老生活水平的前提下,基于政府的财政还是"有限的",各级政府财政负担水平的下限值和个人收入水平还密切相关。但是从需求和供给的关系看,这也恰恰说明了当个人、家庭的经济供给能力不强时,对政府所能提供的福利需求就会增长,而当个人、家庭的经济供给能力强时,对政府所能提供的福利需求不会那么强,反而会有所下降。

第三,从新农保制度试点开始,制度中有关个人财政补贴的下限值参数是明确的。

针对达到领取年龄 60 周岁的农民,55 元是国家新农保在《试点方案》中首次提出的每人每月的基础养老金水平,换算为年基础养老金水平,即每年 660 元,由中央财政和东部区域的地方财政共同承担,同时针对缴费参保的农民,由地方政府提供每年 30 元的进口补贴。

从 2009 年年末实行以来,随着制度在 2012 年年末全面覆盖,参保人群增加,符合待遇领取养老金的农村居民人数也日益增多,中央财政和地方财政在新农保制度或者城乡居保制度上的支出日益增加,但是都还在财政可以承受的范围之内。再结合"从农村实际出发,低水平起步"的方针,可以把领取待遇年 660 元基础养老金水平的总额和筹资水平中 30 元政府进口补贴的总额作为各级财政负担水平下限值的起步待遇。

第四,财政负担水平的下限值需要参照老年人口的低峰值进行测算。

根据人口老龄化的趋势分析,我国老年人口还将逐步增多,农村老年人在未来也将逐渐上升,基础养老金总额将逐步上升。因此,从人口数量看,财政负担水平的下限值可用老年人口的低峰值进行测算:

$$
\begin{aligned}
\upsilon_F &= \frac{P_B + P_{IF}}{F_t} \\
&= \frac{p_t L_{x,t} + j_t \sum_{s=1}^{n} \sum_{i=16}^{59} l_{s,i,t} + \sum_{s=1}^{n} b_{s,t} L_{s,x,t} + \sum_{s=1}^{n} q_{s,t}}{F_t} \\
&= \frac{(p_t + b'_t + q')L_{60,t} + (j_t + q'')\sum_{i=16}^{59} l_{i,t}}{F_t} \\
&= \frac{660 L_{60,t} + 30 \sum_{s=1}^{n} \sum_{i=16}^{59} l_{s,i,t} + \sum_{s=1}^{n} b_{s,t} L_{s,60,t} + \sum_{s=1}^{n} q_{s,t}}{F_t} \\
&= \frac{(660 + b'_t + q')L_{60,t} + (30 + q'')\sum_{i=16}^{59} l_{i,t}}{F_t} \\
&= \frac{p'_t L_{60,t} + j'_t \sum_{i=16}^{59} l_{i,t}}{F_t}
\end{aligned}
\tag{5.14}
$$

由第一点和第二点,各级政府财政负担水平下限值的约束条件可以表示为农村老年人至少要获得满足最基本生存需求水平的基础养老金水平,表示为:

$$
p'_t + Q'_t \geqslant p_1 r_1 \tag{5.15}
$$

其中,p'_t 表示 t 年的每个达到领取年龄的农村居民所能获得的平均基础养老金,Q'_t 为个人账户在领取到达年龄后每年所能获得的平均养老金发放标准,

p_1 为食品的平均价格，r_1 为相应的食品需求量，$p_1 r_1$ 为对食品的基本需求，即第一层次中的最基本生存需求水平（详见表 4.3）。

从具体数值分析，p'_t 和 j'_t 从制度试点以来的最低参数值为：

当 $b'_t = q' = 0$ 时，$p'_t = p_t = 660$

当 $q'' = 0$ 时，$j'_t = j_t = 30$

这里的 660 和 30 能否作为各级政府财政负担水平的最低值，还取决于约束条件公式（5.15）能否成立。

$\min(p'_t L_{60,t} + j'_t \sum_{i=16}^{59} l_{i,t})$ 反映的是总体水平，而不是个体水平，因此，除了看 p'_t 和 j'_t 的值，还要看 $L_{60,t}$ 和 $\sum_{i=16}^{59} l_{i,t}$ 的值。由于重点在基础养老金总额，因此，主要是看老年人口数量，但不能完全看老年人口的绝对数量，因为当整个国家的人口增多时，如果劳动年龄人口数量增加得比老年人口数量更快，那么分母财政收入 F_t 也会上升。因此需要看农村老年人口的抚养比。当人口老年抚养比最小的时候，各级政府对农村社会养老保险的财政负担水平为最小。

4）适度的各级政府财政负担水平的上限值界定及其约束条件

从各级政府财政负担水平来看，上限值的界定和国民经济发展水平、各级政府的财政收入水平、农村居民的劳动者的现有收入水平、养老金水平所能达到的最高水平有关。

①各级政府财政负担水平的上限值要使得农村居民能够充分享有国民经济发展的成果。

穆怀中（2008）认为，养老金水平的最高标准是在中国经济承受力范围内，确保退休人口充分享受经济发展成果。在这种标准下，养老金水平将随着人均国民生产总值的提高而提高。他认为社会保障水平的适度水平发展取决于国民经济的整体发展和国民收入收入再分配的比例。从社会保障水平的目标来看，也要使其"与国家生产力水平相适应"（穆怀中，1997）。具体的表现之一就是社会保障资金的供给水平要适应国民经济的供给能力。这一点的例证也可以从第五点中的国际经验得到实证，OECD 国家的社会保障水平 2000 年以来基本稳定在 19%～20%，远远超过了我国 2.5% 左右的水平。

因此，从这点看，对农村养老社会保险制度，适度的各级政府财政负担水平的上限值要能够充分体现出经济发展的成果。但是从对农村社会养老保险的财政投入看,发展到现阶段,已经到了城乡一体化发展的重要阶段,要充分体现城市反哺农村共享繁荣的目标。

②从各级政府的财政收入水平看,上限值取决于各级政府的财政收入水平、对农村社会养老保险的资金分配比例。

通常所说的财政收入,主要是指公共财政收入。从各国的经验数据和事实发展来看,如果超过各级政府的财政负担水平,会使一国的财政负担过于沉重,从而阻碍经济的发展。从我国 2012 年的公共财政收入水平看,全国的公共财政收入已经达到 117210 亿元,其中,中央财政收入达到 56133 亿元,占全国财政收入的 47.9%;地方财政收入达到 61077 亿元,占全国财政收入的 52.1%。从 2012 年的财政支出水平来看,公共财政支出达到 125712 亿元,超过财政收入 8502 亿元。从支出项目来看,社会保障和就业支出 12542 亿元,占财政支出的 9.98%。总体来看,目前我国社会保障和就业支出所占财政支出比例并不高。

从表 5.1 可以看到,OECD 国家用于老年人及其遗属补助的公共开支从 1990 年到 2009 年在逐渐稳步上升,1990 年的现金开支平均水平约占当年国内生产总值的 6.1%,2009 年已经达到 7.8%,包括非现金支出在内的总和支出已经达到 8.3%。再看养老支出占所有政府开支的比例,以现金测算,1990 年和 2009 年分别达到 14.45% 和 16.6%。OECD 国家仅仅是养老一项内容的开支水平已经高于我国所有社会保障开支的比例,这也说明我国养老金水平的支出水平还远低于 OECD 国家的相应水平。

从社会保障资金来看,对社会养老保险资金的分配往往是社会保障资金中的重要组成比例。社会养老保险中,上限值取决于能够有多少比例分配给农村社会养老保险。从公共服务均等化的视角,养老保障水平在城乡间的均等化将是发展的目标和趋势。在财政能力范围内,提高农村居民基础养老金的待遇水平,提高对农村社会养老保险的资金分配比例,也将是目标和趋势。

表 5.1　OECD 国家用于老年人及其遗属补助的公共开支(Adema and Ladaique,2009)

国家	现金开支								开支总和(包括非现金)占GDP的比例(%)
	占 GDP 的比例(%)					增长率(%)	占所有政府开支的比例(%)		
	1990	1995	2000	2005	2009*	1990—2009	1990	2009*	
澳大利亚	3.0	3.6	3.8	3.3	3.5	14.7	8.5	9.4	5.1
奥地利	11.4	12.3	12.2	12.4	13.5	18.3	22.1	25.5	14.0
比利时	9.1	9.3	8.9	9.0	10.0	10.2	17.4	18.7	10.2
加拿大	4.2	4.7	4.3	4.1	4.5	7.4	8.5	10.3	4.5
智利		6.7	7.3	5.7	3.6				3.6
捷克	5.8	6.1	7.2	7.0	8.3	42.9		18.5	8.6
丹麦	5.1	6.2	5.3	5.4	6.1	19.3	9.2	10.5	8.2
爱沙尼亚			6.0	5.3	7.9			17.6	8.1
芬兰	7.3	8.8	7.6	8.4	9.9	36.3	15.1	17.7	11.1
法国	10.6	12.0	11.8	12.4	13.7	29.2	21.4	24.2	14.1
德国	9.7	10.5	11.1	11.4	11.3	15.7		23.4	11.3
希腊	9.9	9.7	10.8	11.8	13.0	31.2		24.2	13.2
匈牙利			7.6	8.5	9.9			19.4	10.5
冰岛	2.2	2.4	2.2	2.0	1.7	−21.3		3.4	2.2
爱尔兰	4.9	4.3	3.1	3.4	5.1	5.2	11.5	10.5	5.6
以色列		4.7	4.9	5.1	5.0			11.1	5.2
意大利	10.1	11.3	13.5	13.9	15.4	53.3	19.1	29.8	15.6
日本	4.8	6.1	7.3	8.7	10.2	111.4		19.1	11.8
韩国	0.7	1.2	1.4	1.5	2.1	193.5	3.7	6.5	2.4
卢森堡	8.2	8.8	7.5	7.2	7.7	−6.1	21.6	17.8	7.7
墨西哥	0.5	0.7	0.9	1.2	1.7	269.0		7.3	1.7
荷兰	6.7	5.8	5.0	5.0	5.1	−23.9	12.2	9.9	6.1
新西兰	7.4	5.7	5.0	4.3	4.7	−36.7	14.0	11.1	4.7
挪威	5.6	5.5	4.8	4.8	5.4	−5.2		11.5	7.4

续 表

国家	现金开支								开支总和（包括非现金）占GDP的比例（%）
	占 GDP 的比例（%）					增长率	占所有政府开支的比例（%）		
	1990	1995	2000	2005	2009*	1990—2009	1990	2009*	
波兰	5.1	9.4	10.5	11.4	11.8	129.1		26.4	11.8
葡萄牙	4.9	7.2	7.9	10.3	12.3	151.9		24.8	12.5
斯洛伐克共和国		6.3	6.3	6.2	7.0			16.9	7.4
斯洛文尼亚			10.5	9.9	10.9			22.1	11.0
西班牙	7.9	9.0	8.6	8.1	9.3	17.3		20.1	9.9
瑞典	7.7	8.2	7.2	7.6	8.2	6.8		15.0	10.8
瑞士	6.6	6.7	6.6	6.8	6.3	11.9		18.5	19.5
土耳其	2.4	2.7	4.9	5.9	5.9	188.7		16.8	6.9
英国	4.8	5.4	5.3	5.6	6.2	28.1	11.6	12.1	6.8
美国	6.1	6.3	5.9	6.0	6.8	12.6	16.4	16.3	6.9
OECD	6.1	6.7	6.9	7.0	7.8	27.0	14.45	16.6	8.3

* 瑞士的数据是 2008 年的。

第三，从政府责任的视角，通过财政支出而能达到的养老金水平的上限值不能超过农民劳动者的现有报酬。

政府对老年人的基本生存具有不可推卸的责任，但是该责任不是无限的。同时政府有责任维护社会保障制度"保护与激励相统一"的目标①。基于这一原则，老年人所获得的养老金不应超过或相等于农民劳动者的现有报酬，否则就易"引致退休"的负面效应。农民劳动者的现有报酬一般可以通过农民人均纯收入来进行衡量。农民人均纯收入中还包括一部分实物收入，而财政收入是现金收入，因此，用农民人均现金纯收入来衡量更能体现出现金的意义。

---

① 该目标由穆怀中在 1997 年提出，具体文章来源同上。

第四,从供给和需求的关系来看,通过财政支出而能达到的养老金水平的上限值不能超过老年农民的基本生活需求。

从 Robert 等提出的多支柱养老金制度体系来看,"零支柱"应该提供的是非缴费型的养老金,其目的就是为了消除老年贫困,为老年人提供基本的收入保障。目前我国各级政府财政支出的重点在于基础养老金。从财政支出的角度来看,满足老年农民的基本生活需求既是下限值,其实也是一个上限值。下限值和上限值在需求上的区别在于程度上的不同。从第 4 章表 4.2 多层次的农村基本生活需求水平来看,本书认为第一层次属于生存的最基本需要,而第二层次属于生活的最基本需要,第三层次则属于生活的一般需要。从第一层次到第三层次的需要水平的发展符合了从生存线到温饱线再到发展线的过程,内容从食品、衣着两项内容,扩展到医疗保健和居住,再扩展到家庭设备及服务、文教娱乐、交通和通讯等,基本涵盖了一般生活的需要水平,因此,把第三层次的基本生活发展需求和基本生活总需求作为上限值。

第五,财政负担水平的上限值需要参照老年人口的高峰值进行测算。

根据人口老龄化的趋势分析,我国老年人口将逐步增多,农村老年人在未来将逐渐上升,基础养老金总额也将逐步上升。因此,从人口数量看,财政负担水平的上限值可用老年人口的高峰值进行测算。

第六,从国际经验比较来看,可以参考国际上不同国家的社会保障支出水平和养老金的财政支出水平来制定相应的阶段性上限值水平。

从经济发展水平较高的 OECD 国家看(表 5.2),2000 年到 2007 年几年间,公共社会保障支出占国内生产总值(GDP)的比重的平均值稳定在 19%～20%。根据穆怀中(1997)测算的适度的社会保障适度水平的上限值约为 26%,OECD 国家的社会保障水平开支均在该警戒线以下,而 OECD 国家用于老年人及其遗属的公共开支水平远高于我国目前的水平。

随着我国经济的发展,可以把国际上相应发展水平国家的社会保障和养老金支出作为上限值参考标准,逐渐把更多的财政投入到养老保险及其他社会保障制度开支中去。

表 5.2　　OECD 国家公共社会保障支出占国内生产总值比重　　　单位:%

国家和地区	年份				
	2000	2004	2005	2006	2007
澳大利亚	17.32	17.12	16.52	16.09	16.02
奥 地 利	26.72	27.7	27.36	26.97	26.42
比 利 时	25.42	26.5	26.45	26.42	26.35
加 拿 大	16.5	17.06	17.02	16.94	16.86
捷 克	19.8	19.74	19.53	19.05	18.79
丹 麦	25.68	27.68	27.21	26.59	26.1
芬 兰	24.34	26.04	26.12	25.91	24.93
法 国	27.72	29.04	28.97	28.59	28.4
德 国	26.56	27.14	27.23	26.15	25.16
希 腊	19.16	19.89	20.96	21.26	21.33
匈 牙 利	20.44	21.76	22.81	23.06	23.09
冰 岛	15.25	17.38	16.33	15.87	14.59
爱 尔 兰	13.27	15.96	15.76	15.75	16.31
意 大 利	23.28	24.68	24.98	25.09	24.86
日 本	16.54	18.22	18.59	18.44	18.7
韩 国	4.8	6.02	6.45	7.34	7.52
卢 森 堡	19.78	23.87	23	21.79	20.65
墨 西 哥	5.3	6.56	6.83	6.97	7.21
荷 兰	19.78	21.15	20.71	20.3	20.08
挪 威	21.31	23.35	21.71	20.44	20.8
波 兰	20.75	21.66	21.28	21.01	20.01
葡 萄 牙	18.88	22.38	22.9	22.94	22.52
斯洛伐克	17.92	16.46	16.32	15.99	15.69
西 班 牙	20.44	21.16	21.41	21.4	21.58
瑞 典	28.43	29.53	29.08	28.41	27.3
瑞 士	17.85	20.21	20.19	19.19	18.52
英 国	18.6	20.45	20.56	20.36	20.54

国家和地区	年份				
美　　国	14.46	15.88	15.83	15.99	16.2
智　　利	13.18	11.75	11.16	10.49	10.56
爱沙尼亚	14.06	13.55	13.16	12.78	13
以　色　列	17.08	17.11	16.46	15.93	15.47
斯洛文尼亚	22.88	22.16	21.9	21.54	20.26
平　均　值	19.17	20.29	20.15	19.85	19.56

资料来源:经合组织 OLIS 数据库。

综上,在式(5.10)和(5.11)的基础上,可以根据上限值的界定,用公式一一表示出来。

由第三点和第四点,在基础养老金财政负担和个人账户养老金财政负担公式下,上限值的界定用公式表示为:

$$p'_t + Q'_t \leqslant \sum_{i=1}^{8} p_i r_i \tag{5.16}$$

$$p'_t + Q'_t \leqslant y_{t-1} \tag{5.17}$$

其中,p'_t 表示 t 年的每个达到领取年龄的农村居民所能获得的平均基础养老金,Q'_t 为个人账户在领取年龄到达后每年所能获得的平均养老金发放标准,p_i 为食品的平均价格,r_i 为相应的需求量,食品基本需求为 $p_1 r_1$,衣着基本需求为 $p_2 r_2$,医疗保健基本需求为 $p_3 r_3$,居住基本需求为 $p_4 r_4$,家庭设备及服务基本需求为 $p_5 r_5$,文教娱乐基本需求为 $p_6 r_6$,交通和通讯基本需求为 $p_7 r_7$,其他项目基本需求为 $p_8 r_8$(详见表 4.3)。

一般情况下,由于上年农民人均纯收入会大于基本需求的总和,因此,式(5.16)和(5.17)可以合并为:

$$p'_t + Q'_t \leqslant \sum_{i=1}^{8} p_i r_i \leqslant y_{t-1} \tag{5.18}$$

根据第五点,可以把未来农村老年人口的最高峰作为 $\max(L_{60,t})$。

5)多重目标约束下的适度的各级政府财政负担水平模型综合分析

在上限值和下限值的多重目标约束下,可以对适度的各级政府财政负担水平模型的多重约束条件进行综合分析,列出以下模型:

$$v_F = \frac{G_t + g_t}{F_t} = \frac{F_\alpha + F_\beta}{F_t} = \frac{P_B + P_{IF}}{F_t}$$

$$= \frac{p_t L_{x,t} + j_t \sum_{s=1}^{n} \sum_{i=16}^{59} l_{s,i,t} + \sum_{s=1}^{n} b_{s,t} L_{s,x,t} + \sum_{s=1}^{n} q_{s,t}}{F_t}$$

$$= \frac{(p_t + b'_t + q') L_{60,t} + (j_t + q'') \sum_{i=16}^{59} l_{i,t}}{F_t} \qquad (5.19)$$

$$= \frac{p'_t L_{60,t} + j'_t \sum_{i=16}^{59} l_{i,t}}{F_t}$$

约束条件如下：

i. $p_1 r_1 \leqslant p'_t + Q'_t \leqslant \sum_{i=1}^{8} p_i r_i \leqslant y_{t-1}$ ；

ii. $\min\left(\dfrac{L_{60,t}}{\sum\limits_{i=16}^{59} l_{i,t}}\right) \leqslant \dfrac{L_{60,t}}{\sum\limits_{i=16}^{59} l_{i,t}} \leqslant \max\left(\dfrac{L_{60,t}}{\sum\limits_{i=16}^{59} l_{i,t}}\right)$ 。

（2）适度的个人缴费负担水平

1）个人缴费负担水平基本含义

个人缴费负担水平体现的是个人和家庭层次对社会养老保险的供给水平是否在个人和家庭的经济承受能力内。因此,在假设农民愿意缴费的基础上,农民是否有能力缴费是非常重要的问题。另外,个人的缴费负担水平之所以和家庭也有关系,是因为家庭中往往涉及对孩子、老人等无收入来源个人的开支,所以个人的缴费负担水平实际上该考虑的是家庭对参保缴费的个人的缴费负担水平。因此,采用人均的收入和消费的数据会比较妥当。

2）个人缴费负担水平测算模型和参数

个人能够花费在社会养老保险上的缴费不是无限的,取决于农民的收入水平和必要的消费支出水平,在收支相抵后剩余的那部分农民才可以拿出来支配,并用来缴纳养老保险费。

在测算个人缴费负担时,穆怀忠等（2011）以农民参加养老保险所选择的缴费档次除以农民人均可支配收入和农民人均日常消费的差,作为农民个人缴费负担测算模型。在此基础上,本书认为值得进一步探讨的是,土地制度使得农民取得收入和消费的方式和城镇还是有一定的区别的,城镇的基本是现金,而农村还有一部分是以实物收入和实物消费的形式而存在。是否要区分现金消费剩余和总的消费剩余,需要通过分析历史数据来判断。

如第4章所述,大部分农村居民迄今为止仍然能够依靠土地生存和发展,许多在农村生活的老年人,只要条件允许,种点粮食、蔬菜、水果等来补贴家用,维持一定的生活水平,还是比较普遍的现象。从2012年的数据看,现金收入大约占到农村人均纯收入的88.6%,还有11.4%是以实物收入的形式存在的。再从现金消费来看,现金消费占到消费支出的91.65%。从消费项目来看,根据第4章的分析,现金消费和总的消费支出区别在于食物类和居住类消费项目上。但是从2000年以来的历年数据看,现金纯收入占农民人均纯收入的比例以及现金消费支出占消费总支出的比例都在逐年上升(图5.1)。这也意味着,随着城镇化的发展,失地农民增多,农民生活水平得到改善,农民实物收入和实物支出的比例都在下降。

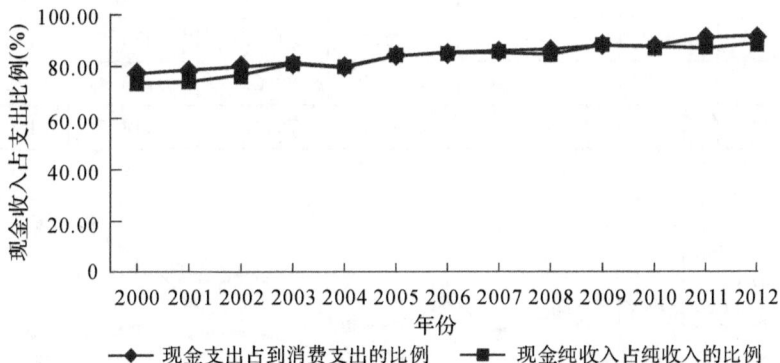

图 5.1　农民现金收入和现金支出比例(2000—2012 年)

然后计算中国农村居民的人均消费剩余情况。从表5.3区分现金下的中国农村居民人均收支情况(2000—2012年)可以看到,人均消费剩余和人均现金消费剩余的绝对值是不同的,现金消费剩余明显低于消费剩余。为了看出2000年以来的发展状况,把消费剩余减去现金消费剩余,再运用三年的移动平均添加趋势线分析(图5.2),2000—2006年,差额在日益缩小,而2006—2012

年,差额已经逐渐扩大,整体呈现"U"形。消费剩余差额的形态和人均纯收入的差额形态相似,可见造成差额的原因主要是由于人均纯收入和人均现金纯收入的差额变化所造成的。

表 5.3　区分现金下的中国农村居民人均收支情况(2000—2012 年)　单位:元

年份	人均纯收入	人均消费	消费剩余	人均现金纯收入	人均现金支出	现金消费剩余
2000	2253.4	1670.1	583.3	1648.7	1284.7	364.0
2001	2366.4	1741.1	625.3	1748.0	1364.1	383.9
2002	2475.6	1834.3	641.3	1899.8	1467.6	432.2
2003	2622.2	1943.3	678.9	2134.9	1576.6	558.3
2004	2936.4	2184.7	751.7	2317.4	1754.5	562.9
2005	3254.9	2555.4	699.5	2738.3	2134.6	603.7
2006	3587.0	2829.0	758.0	3067.8	2415.5	652.3
2007	4140.4	3223.9	916.5	3525.6	2767.1	758.5
2008	4760.6	3660.7	1099.9	4029.7	3159.4	870.3
2009	5153.2	3993.5	1159.7	4542.7	3504.8	1037.9
2010	5919.0	4381.8	1537.2	5143.7	3859.3	1284.4
2011	6977.3	5221.1	1756.2	6092.6	4733.4	1359.2
2012	7916.6	5908.0	2008.6	7014.9	5414.5	1600.4

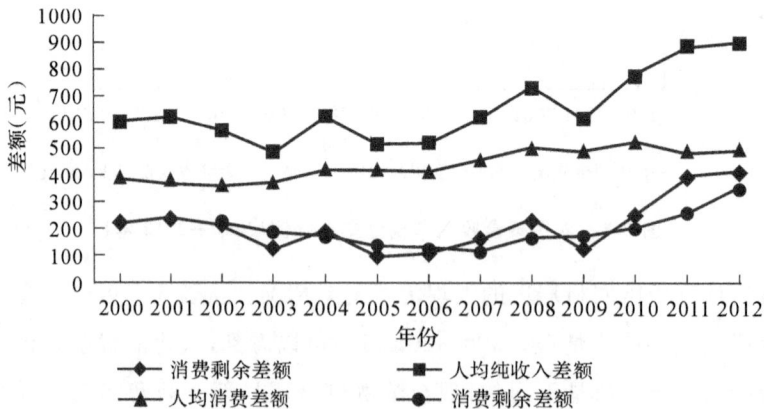

图 5.2　人均消费剩余和人均现金消费剩余的差额情况(2000—2012 年)

　　因此,本书认为应用测算缴费负担模型和参数可以根据现金收入和现金支出做一定的修正。在测算时,适度的个人缴费负担水平,应该测算现金计算的个人缴费负担水平,即以缴费除以人均现金纯收入和人均现金支出差额。

　　由此,可以得到两个关于个人缴费负担的模型,式(5.20)是不区分现金的模型,式(5.21)是用现金计量的模型。

$$v_I = \frac{C_I W_I}{y_t - o_t} = \frac{C_I y_{t-1}}{y_t - o_t} \tag{5.20}$$

　　当以上年农民人均纯收入 y_{t-1} 作为缴费基数时,$C_I W_I = C_I y_{t-1}$。其中,个人缴费率 C_I,缴费基数为 W_I,农民人均纯收入为 y_t,人均消费支出为 o_t。

　　为了进一步用农民人均现金纯收入和人均现金支出计算个人缴费负担水平,设个人现金缴费率 C_{aI},α_y 为人均现金纯收入占农民人均纯收入的比例,α_o 为人均现金支出占农民人均消费的比例,则人均现金纯收入为 $\alpha_y y_t$,人均现金支出为 $\alpha_o o_t$,得到以现金计算的个人缴费负担水平:

$$v_{\alpha\beta I} = \frac{C_{aI} \alpha_y y_{t-1}}{\alpha_y y_t - \alpha_o o_t} \tag{5.21}$$

3)适度的个人缴费负担水平的下限值界定及其约束条件

　　适度的个人缴费负担水平需要界定上限值和下限值,从而使得个人供给水平在合理的区间范围内波动。首先界定下限值。

　　从个人缴费负担水平来看,下限值的界定主要是和新农保制度养老金的个人账户养老金水平有关。虽然政府对保障老年人的基本生存水平具有不可推卸的责任,但是在现阶段让政府完全承担起全体农村居民的基本养老经济责任还不太现实,个人和家庭还是需要在其中发挥重要的作用。在国家新农保制度框架下,仅仅依靠基础养老金是不能满足老人的基本生活需求的,需要依靠个人账户养老金才有可能达到第一层次以上的基本生活需求水平。从测算的结果看,以"中人"为例[①](具体测算结果请见表 3.17),个人缴费需要在

---

　　① 新农保制度实施时,年龄在 46～59 岁、缴费年限小于 15 年的为"中人",这类人群基础养老金和个人账户养老金都有,但是个人账户养老金可能在缴费上小于 15 年,积累额会少一些,但是新农保制度允许中人补缴保险费。在测算这类人群的社会养老金替代率时,本书为了体现近几年新农保制度的保障作用,假设了"中人"方案:农村居民在 2010 年年满 59 周岁,允许一次性补缴个人缴费,2011 年开始领取个人账户养老金。

300 元及以上档次,然后与基础养老金水平加总,才基本能够满足现金需求水平下的第一层次即"最基本生存需求替代率"水平;而以"新人"为例[1](具体测算结果请见表 3.18),在基础养老金不增长的情况下,即使个人缴费在 500 元的档次,即使加上基础养老金,也满足不了现金需求水平下的最基本生存需求替代率水平。

因此,个人缴费负担水平下限值的界定既和老年人的基本生存水平有关,也与基础养老金水平有关。

从具体数值来看,新农保制度《试点方案》中,为了体现个人的缴费责任,100 元作为最基本的缴费档次,这是加入新农保制度的必要条件。用 100 元除以人均的收支余额,以此作为下限值。

式(5.20)和(5.21)可以变为式(5.22)和(5.23),其中式(5.23)为现金测算下的个人缴费负担水平:

$$v_I = \frac{100}{y_t - o_t} \tag{5.22}$$

$$v_{\alpha\beta I} = \frac{100}{\alpha y_t - \beta o_t} \tag{5.23}$$

个人缴费负担水平下限值的约束条件可以表示为农村老年人至少要获得满足最基本生存需求水平的基础养老金水平,公式表示为:

$$p'_t + Q'_t \geqslant p_1 r_1$$

其中,p'_t 表示 t 年的每个达到领取年龄的农村居民所能获得的平均基础养老金,Q'_t 为个人账户在领取年龄到达后每年所能获得的平均养老金发放标准,p_1 为食品的平均价格,r_1 为相应的食品需求量,$p_1 r_1$ 为对食品的基本需求,即第一层次中的最基本生存需求水平(详见表 4.3)。

4)适度的个人缴费负担水平的上限值界定及其约束条件

从个人缴费负担水平上限值的界定来看,它取决于个人承受能力和养老金的水平两个问题。

---

[1] 新农保制度实施时,年龄在 45 岁及以下,缴费年限等于 15 年及以上的"新人",这类人群也是基础养老金和个人账户养老金都有,但是个人账户养老金在缴费上至少要等于 15 年,积累额会完全按照制度要求来进行。为了测算这类人群的社会养老金替代率,本书假设了"新人"方案:农村居民在 2010 年满 45 周岁,个人按年缴费,2025 年满 60 周岁开始领取养老金。

当个人需要缴纳的费用超过收入和必要的支出后的差额时,说明已经超过了个人的承受能力,这时就可能无力再缴纳养老保险费了。因此,上限值的界定首先需要参考的就是个人缴费的最大能力。这时,在不负债的情况下,能够缴纳的就是收入和消费的差额。由于保费需要用现金缴纳,因此,考虑用现金收入和现金消费的差额能够更好地表明个人缴费能力。从公式来看,不论是否现金,v_I 和 $v_{\alpha\beta I}$ 的上限值均为 1。

从养老金水平来看,社会养老保险不同于商业养老保险,在公平和效率两方面需要兼顾。由于新农保制度《试点方案》中存在激励政策,虽然鼓励大家多缴长缴,但是也不鼓励人们从过多的个人缴费中获得更多的额外利益。因此,从养老金水平来看,同样不能超过农民劳动者的现有报酬和老年农民的基本生活总需求。

上限值的约束条件为,$p'_t + Q'_t \leqslant \sum_{i=1}^{8} p_i r_i \leqslant y_{t-1}$。

综上,新农保制度框架下的个人缴费负担水平的值域为:

$$\frac{100}{y_t - o_t} \leqslant v_I \leqslant 1 \qquad (5.24)$$

或

$$\frac{100}{\alpha y_t - \beta o_t} \leqslant v_{\alpha\beta I} \leqslant 1 \qquad (5.25)$$

约束条件如下:

$$p_1 r_1 \leqslant p'_t + Q'_t \leqslant \sum_{i=1}^{8} p_i r_i \leqslant y_{t-1}$$

其中,p'_t 表示 t 年的每个达到领取年龄的农村居民所能获得的平均基础养老金,Q'_t 为个人账户在领取年龄到达后每年所能获得的平均养老金发放标准,p_i 为食品的平均价格,r_i 为相应的需求量,食品基本需求为 $p_1 r_1$,衣着基本需求为 $p_2 r_2$,医疗保健基本需求为 $p_3 r_3$,居住基本需求为 $p_4 r_4$,家庭设备及服务基本需求为 $p_5 r_5$,文教娱乐基本需求为 $p_6 r_6$,交通和通讯基本需求为 $p_7 r_7$,其他项目基本需求为 $p_8 r_8$(详见表 4.3)。

可以预见的是,随着经济水平的提高,国民收入的增长,恩格尔系数的降低,农民个人手中的余钱将越来越多,因此,如果个人缴费档次最低 100 元始终不变,将要依靠更多的基础养老金和进口政府补贴才有可能达到满足以食物为主的基本生存需求。

（3）可持续的养老保障水平

何平和 Hyung（2011）认为，在研究农村养老保险制度可持续发展时，首先需要确定适宜的养老金水平。这既涉及适度的缴费水平、适度的各级政府财政负担水平，又涉及依靠农村社会养老保险制度能够达到的养老金水平是否能够满足农民的基本生活需求。

第一，可持续的养老保障水平要能够保障农民的基本生活需求，但是不宜超过农民劳动者的现有报酬和老年农民的基本生活总需求。

养老保障水平如果过低，就会使得农村社会养老保险制度起不到保障基本生活需求水平的作用；如果过高，就会加重各级政府财政负担和个人缴费负担，因此不宜超过农民劳动者的现有报酬和老年农民的基本生活总需求。

第二，可持续的养老保障水平要始终在适度的各级政府财政负担和个人缴费负担水平内。

从各国实践来看，高福利国家过高的福利水平使得财政不堪重负，需要引起发展中国家的警示。我国的新农保制度在 2009 年年末开始试点，于 2012 年年末实现了制度全覆盖，提前 8 年完成了目标。在涉及面如此广，并且带有普惠性质的制度下，更要充分考虑到财政负担和个人缴费负担，使其时刻保持在适度水平之内，才能保证制度的可持续。

第三，可持续的养老保障水平要随着国民收入的发展而发展，随着物价水平和消费需求的发展而进行调整。

农村居民收入水平和消费水平不是一成不变的，会随着国内经济发展水平、物价水平、消费需求等而发展。因此，可持续的养老保障水平也要体现出这一点，实行可调整的养老金制度，保障农村老年人也能够享受到国家发展的成果。

5.2 我国农村社会养老金替代率的适度供给水平界定

5.2.1 养老金替代率的供给水平基本含义

养老金替代率的供给水平又可以简称为养老金供给替代率,实际上表明的就是通过现行的养老保险制度设计能够提供的替代率。也有学者称为潜在替代率。供给替代率可以表明需求替代率能够实现的程度,供给替代率和需求替代率两者是从供需的角度来探讨养老金的相对水平。

在前述对我国农村社会养老保险水平的适度供给水平界定中,已经结合新农保制度和城乡居保制度的特点,在可负担性、可持续性和稳健性的界定下,从个人缴费负担、各级政府财政负担和可持续的养老保障水平三方面进行了详细的探讨。各级政府财政负担和个人缴费负担实际上都是从供给角度出发的相对水平。在此基础上,本书把各级政府财政负担和个人缴费负担转换成替代率的供给水平,也可以分解成基础养老金替代率、个人账户养老金替代率的供给水平等。

5.2.2 影响农村社会养老金替代率供给水平的基本模型及因素分析

新农保制度分为基础养老金和个人账户两部分,本书先就不同的账户分析养老金供给替代率。

(1)影响基础养老金的供给替代率水平的模型及其约束条件

结合式(3.17)和(5.12),可以得出:

$$\rho'_B = \frac{p'_t}{y_{t-1}} = \frac{p'_t L_{60,t}}{y_{t-1} L_{60,t}} = \frac{(p_t + b'_t + q'_t) L_{60,t}}{y_{t-1} L_{60,t}} = \frac{P_B}{y_{t-1} L_{60,t}} \qquad (5.26)$$

其中, $p'_t = p_t + b'_t + q'$, $P_B = p_t L_{x,t} + \sum_{s=1}^{n} b_{s,t} L_{s,x,t} + \gamma \sum_{s=1}^{n} q_{s,t}$,b'_t 为各省地方政府平均增加的基础养老金发放标准;q' 为平均每人增加的基础养老金发放标准,p'_t 为 t 年每个达到领取待遇年龄的农村居民所能获得的年平均基础

养老金,即每人年平均政府出口财政补贴,基础养老金总额为 P_B,ρ'_B 为养老金平均替代率。

前面已经讨论过各级政府财政负担水平的上限值和下限值是有约束条件的,这就意味着供给替代率既不是无限的,超过可负担能力,也不能低到完全起不到保障作用的程度。

根据前述各级政府财政负担的约束条件:

i. $p_1 r_1 \leqslant p'_t + Q'_t \leqslant \sum_{i=1}^{8} p_i r_i \leqslant y_{t-1}$;

ii. $\min\left(\dfrac{L_{60,t}}{\sum_{i=16}^{59} l_{i,t}}\right) \leqslant \dfrac{L_{60,t}}{\sum_{i=16}^{59} l_{i,t}} \leqslant \max\left(\dfrac{L_{60,t}}{\sum_{i=16}^{59} l_{i,t}}\right)$。

如果在第一个约束条件的不等式的两边同时除以 y_{t-1},可以进一步转化为:

$$\frac{p_1 r_1}{y_{t-1}} \leqslant \rho'_B + \rho'_I \leqslant \frac{\sum_{i=1}^{8} p_i r_{i1}}{y_{t-1}} \leqslant 1 \tag{5.27}$$

其中,最基本生存需求替代率,$\rho_a = \rho_1 = \dfrac{p_1 r_1}{y_{t-1}}$(具体见式(4.15)),基本生活总需求替代率,$\rho_f = \dfrac{\sum_{i=1}^{8} p_i r_i}{y_{t-1}}$(具体见式(4.20))。

式(5.27)表明,基础养老金替代率的供给水平上限值和下限值的约束条件,即为最基本生存需求替代率和基本生活总需求替代率(详见表4.3)。

第二个约束条件则表明了供给替代率和老年人口数量的关系。当老年抚养比达到历史最高峰或者历史最低峰时,会影响供给替代率的上限值和下限值。

影响基础养老金的供给替代率水平的约束条件可以改写为:

i. $\dfrac{p_1 r_1}{y_{t-1}} \leqslant \rho'_B + \rho'_I \leqslant \dfrac{\sum_{i=1}^{8} p_i r_i}{y_{t-1}}$;

ii. $\min\left(\dfrac{L_{60,t}}{\sum_{i=16}^{59} l_{i,t}}\right) \leqslant \dfrac{L_{60,t}}{\sum_{i=16}^{59} l_{i,t}} \leqslant \max\left(\dfrac{L_{60,t}}{\sum_{i=16}^{59} l_{i,t}}\right)$。

（2）影响基础养老金的供给替代率水平因素分析

根据式（5.26），可以看到，基础养老金的供给替代率主要受到中央财政和地方财政补助水平、达到领取待遇年龄 60 周岁的制度内人数以及上年农村人均纯收入的影响。要注意的是，除了以上公式中比较明显的关系外，还要考虑到领取待遇年龄 x 和预期余命 e_b 都会影响达到领取待遇年龄的人数；在其他条件不变的情况下，领取待遇年龄 x 越晚，$L_{x,t}$ 越少，而预期余命 e_b 越长，$L_{x,t}$ 越多。

可以看到各因素和基础养老金替代率 ρ_B 的影响关系如下：

① 基础养老金替代率和中央财政 G 成正比；

② 基础养老金替代率和地方财政 g 成正比；

③ 基础养老金替代率和达到领取待遇年龄的人数 $L_{x,t}$ 成反比；

④ 基础养老金替代率和领取待遇年龄 x 成正比；

⑤ 基础养老金替代率和预期余命 e_b 成反比；

⑥ 基础养老金替代率和上年农村居民人均纯收入 y_{t-1} 成反比。

（3）影响个人账户养老金的供给替代率水平的模型及其约束条件

个人账户养老金的供给替代率水平要比基础养老金的供给替代率水平要复杂一些，因为涉及跨期的精算平衡和账户内的收益积累。

在第 3 章中，本文已经探讨了个人账户养老金替代率及精算平衡公式在新农保制度中的应用。具体如下：

个人账户养老金替代率基本公式：$\rho_I = \dfrac{Q_t}{y_{t-1}}$

个人账户养老金精算平衡公式：$M_收 = M_支$

精算平衡公式具体可以分为以下公式：

①个人账户养老金精算平衡的一般公式

$$CW(1+r)\frac{(1+r)^m-(1+k)^m}{r-k}=\frac{(1+r')^{e_b}-1}{r'(1+r')^{e_b-1}}Q$$

根据式（3.3），可以进一步简化为：

$$CWm(1+r)^m=\frac{(1+r')^{e_b}-1}{r'(1+r')^{e_b-1}}\cdot Q \tag{5.28}$$

②新农保个人账户养老金精算平衡的一般公式

$$(C_i W_i + C'_j W'_j)(1+r)\frac{(1+r)^m - (1+k)^m}{r-k} = \frac{(1+r')^{e_b} - 1}{r'(1+r')^{e_b-1}}Q$$

其中,缴费基数为 W,增长率为 k,个人缴费与政府补贴合计缴费率为 C,个人缴费基数为 W_i,个人缴费率为 C_i,政府补贴缴费基数为 W'_j,政府补贴缴费率为 C'_j,参保年限为 m,收益率为 r。养老金发放标准为 Q,到达领取待遇年龄的参保人员的平均预期余命为 e_b 年,个人账户在领取期的积累利率为 r'。

把个人账户养老金替代率基本公式和养老金精算平衡公式联立起来,可以得到以下两个公式:

①新农保制度个人账户养老金替代率的一般公式

$$\rho_I = \frac{(C_i W_i + C'_j W'_j)(1+r)((1+r)^m - (1+k)^m)r'(1+r')^{e_b-1}}{(r-k)((1+r')^{e_b} - 1)y_0(1+g)^{t-1}}$$

②简化个人账户养老金替代率精算公式

为了简化分析,有以下假设:

i.假设农村居民人均纯收入 y 每年都不变,即在一般公式 $y_{t-1} = y_0(1+g)^{t-1}$ 下,假设 $g=0$,即 $y_0 = y_1 = \cdots = y_{t-1}$,此时,缴费基数 W 可以用 y 代替,暂时不考虑个人缴费和政府进口补贴的区别;

ii.假设 $m = b - a$,a 为开始缴费的岁数,b 为退休或领取养老金的岁数;

iii.假设 $r = r'$,即缴费和领取期间的利率都一样;

iv.假设 $r = k$,即收益率和缴费基数增长率一样;

v.假设个人账户每年可以领取的养老金一样多,暂时不考虑养老金调整上涨的情况,那么 $Q_b = Q$;

vi.假设 C' 为个人缴费、政府进口补贴和由激励政策加入的政府补贴合计缴费率。

根据以上假设,可以把式(3.15)转换成以下公式:

$$\begin{aligned}\rho'_1 &= \frac{C'Wmr(1+r)^{m+e_b-1}}{W(1+r)^{m-1}((1+r)^{e_b} - 1)} \\ &= \frac{C'mr(1+r)^{e_b-2}}{(1+r)^{e_b} - 1}\end{aligned} \tag{5.29}$$

影响个人账户养老金供给替代率水平的约束条件为:

$$\frac{p_1 r_1}{y_{t-1}} \leqslant \rho'_{\text{B}} + \rho'_{\text{I}} \leqslant \frac{\sum\limits_{i=1}^{8} p_i r_i}{y_{t-1}}$$

(4)影响个人账户养老金的供给替代率水平因素分析

根据式(5.29),可以看到影响个人账户养老金替代率的因素主要有:个人缴费与政府所有补贴合计缴费率 C' 、缴费年限 m 、收益率 r 、待遇领取人员 60 岁后平均预期余命 e_b 。当把缴费档次和农村居民人均纯收入以一定的缴费比例换算时,个人账户养老金替代率也受到缴费基数和农村居民人均纯收入的影响。

同时,为了更清楚地看到各因素和个人账户替代率之间的关系,尽量减少变量个数,采用个人账户替代率的倒数:

$$\begin{aligned}
\frac{1}{\rho'_{\text{I}}} &= \frac{(1+r)^{e_b} - 1}{C'mr(1+r)^{e_b-2}} \\
&= \frac{(1+r)^{e_b}}{C'mr(1+r)^{e_b-2}} - \frac{1}{C'mr(1+r)^{e_b-2}} \\
&= \frac{(1+r)^2}{C'mr}\left(1 - \frac{1}{(1+r)^{e_b}}\right)
\end{aligned}$$

综上,本书认为影响个人账户替代率供给水平的因素主要是缴费基数或缴费比率、缴费年限、待遇领取人员预期余命、收益率。

因此,影响个人账户养老金替代率的供给水平的各主要因素及其影响关系如下:

① 个人账户养老金替代率和缴费比率 C' 或缴费基数成正比,缴费比率 C' 越高,替代率越高;

② 个人账户养老金替代率和缴费年限 m 成正比,缴费年限 m 越长,替代率越高;

③个人账户养老金替代率和达到领取待遇年龄参保人员的预期余命 e_b 成反比;

④个人账户养老金替代率和收益率 r 成正比。

5.2.3　其他影响因素分析

之前的分析中,对农村人均纯收入等一些影响因素没有分析,在此着重分析。

（1）影响农村居民人均纯收入的因素分析

从已有研究来看,有不少专家学者对农民人均纯收入的影响因素进行了研究,主要是在相关经济理论指导下,通过建立计量经济学模型,利用通径分析、关联分析、回归分析等方法进行分析。李璐、张天慈、张芮菱(2014)在对湖北省农村居民人均纯收入的影响因素分析后,认为影响农民收入的影响力从大到小来看,主要是城镇化率、二、三产业从业人员所占比例、全社会固定资产投资、农林牧渔业总产值。阮伟鹏(2011)通过对浙江省农民人均纯收入影响因素分析,认为农村非农就业和产业结构因素对农民收入的影响非常显著,其中选取的主要指标是农村从事非农业的劳动力比重、第二产业人均产值和第一产业人均产值。王桂荣(2006)运用灰色系统关联分析方法,从农村居民人均纯收入构成入手,对河北省农村居民人均纯收入的影响因素进行关联度分析。结果表明,工资性收入与农村居民收入关联程度最大,其后依次为家庭第一产业收入、家庭第三产业收入、家庭第二产业收入和财产性及转移性收入。综上,可以看到影响农村居民人均收入的因素不仅多,而且复杂。从关键性因素看,具体可以列出如表5.4所示的指标体系。

表5.4　影响农村居民人均纯收入的指标体系架构

一级指标	二级指标
社会发展状况指标	城镇化率
从业人口发展状况指标	第一产业从业人员比例
	第二产业从业人员比例
	第三产业从业人员比例
经济发展状况指标	第一产业人均产值
	第二产业人均产值
	第三产业人均产值
	全社会固定资产投资

资料来源:根据已有文献整理。

但是以上指标体系仅涉及部分已知信息,事实上还有其他的未知信息同样影响农村居民人均纯收入。基于众多的影响因素,符合"部分信息已知,部分信息未知"的不确定性特征,因此,本书在第3章中运用灰色模型,通过少量的、不完全的信息,建立灰色微分预测模型,预测全国的农村居民人均纯收入。从预测结果来看,低方案(具体数值见表 3.15)和高方案(具体数值见表 3.16)达到的年平均增长速度分别约为 11.24% 和 13.76%。

(2)从筹资模式角度分析影响基础养老金替代率的影响因素

本书再尝试从筹资模式的角度分析影响基础养老金替代率的影响因素。由于现收现付制度下的社会养老保险总缴费率相当于社会养老保险总额替代率,因此可以由养老金总额和工资总额的比值构成。常见的公式如下:

$$社会养老保险总缴费率 = 社会养老保险总额替代率$$

$$= \frac{养老金总额}{工资总额}$$

$$= \frac{人均养老金 \times 退休人数}{人均工资水平 \times 参保人数}$$

$$= 收入替代率 \times 制度抚养比$$

由于农村基础养老金替代率属于收入替代率,同时以上公式中的总缴费率实际上可以用总额替代率的概念代替,因此可以改编如下:

$$基础养老金总额替代率 = \frac{基础养老金总额}{农村居民人均纯收入总额}$$

$$= \frac{人均基础养老金 \times 老龄化人数}{人均农村纯收入 \times 参保人数}$$

$$= 基础养老金替代率 \times 制度抚养比$$

即:$基础养老金替代率 = \dfrac{制度抚养比}{基数养老金总额替代率}$。

从改编后的公式可以看到,虽然基础养老金不属于养老保险制度中的现收现付制度,但是由于资金来源于财政补助,而财政收入主要来源于税收收入,部分体现了现收现付的实质,即以正在工作的一代人的收入的一部分来支付。因此,从这个意义上来说,以上公式还是有一定意义的。在新农保制度基础养老金账户中,同样体现了工作人群和老龄人群的抚养意义。也要注意到该改编公式仅仅是有一定的理论意义,表明基础养老金总额替代率受到制度内老龄化人数和参保人数的影响,在实际操作中意义不大。

5.2.4 影响农村社会养老金替代率供给水平因素的指标体系建构

由上述所知,本书认为影响基础养老金替代率供给水平的因素主要是中央财政补助水平、地方财政补助水平、达到领取待遇年龄 60 周岁及以上的人数、领取待遇年龄 x、预期余命 e_b 和农村居民人均纯收入;影响个人账户替代率供给水平的因素主要是缴费基数或缴费比率、缴费年限、待遇领取人员预期余命、收益率。其中影响农村居民人均纯收入的因素包括城镇化率、三产从业人员比例、三产人均产值、全社会固定资产投资等。

根据以上两部分,可以分别对基础养老金替代率和个人账户养老金替代率的供给水平进行分析。事实上这两部分的影响因素并不是完全独立的,如达到领取待遇年龄 60 周岁的参保人数 $L_{60,t}$ 和预期余命 e_b 有关系,预期余命越长,在其他条件不变的情况下,60 周岁以上的人数也会增加;如个人账户中缴费年限和基础养老金水平有关。有地方政府为了激励农村居民延长缴费年限,推出了"长缴多得"的政策,即缴费年限越长,可以增加基础养老金。因此,可以把以上因素进行归类。

(1)按照影响因素的性质分类,可以分为经济、人口和制度因素

1)经济因素

从基础养老金替代率和中央财政 G、地方财政 g 成正比来看,财政收入和财政支出水平直接影响了有多少钱可以用于农村基础养老金开支,而财政水平是和经济发展水平等密切相关的,因此,这一大类的因素可以为经济因素。

2)人口因素

从基础养老金替代率和达到领取待遇年龄的参保人数 $L_{x,t}$ 成反比、个人账户养老金替代率和达到领取待遇年龄参保人员的预期余命 e_b 成反比来看,老年人人数和预期余命属于人口因素。

3)制度因素

从个人账户养老金替代率和缴费比率或者缴费基数成正比、缴费年限 m 成正比,以及基础养老金替代率和达到领取待遇年龄的参保人数 $L_{x,t}$ 成反比、和领取待遇年龄 x 成正比来看,缴费比率或者缴费基数、领取待遇年龄等和城乡居保制度、新农保制度直接有关,属于制度因素。

而收益率直接和基金的管理有关,涉及社会养老保险基金的保值增值问题。由于现阶段社会保险基金的投资还受到一定的限定,如规定必须投资在银行存款和国债类安全性比较高的产品上,收益率实际上受到制度因素比经济因素更强一些。因此,把收益率归类在制度因素这里。

把以上各个影响因素以三级指标体系的形式表现出来,如表 5.5 所示。

表 5.5　影响农村社会养老金替代率供给水平指标体系

(基于影响因素性质分类)

一级指标	二级指标	三级指标
人口因素	人口数量	60 岁以上人口数量
		16～59 岁人口数量
	预期寿命	0 岁平均预期寿命
		60 岁平均预期余命
经济因素	财政负担水平	中央财政支出水平
		地方财政支出水平
	农民个人缴费负担水平	农民人均纯收入
		农民人均消费支出
		农民现金收入和现金消费差额
制度因素	缴费规定	个人缴费基数(或缴费率)
		缴费年限
	领取规定	待遇领取年龄
	激励政策	长缴多得
		多缴多得
	基金保值增值	收益率

资料来源:根据已有文献整理。

(2)从供给水平的界定分类,可以分为缴费水平、财政负担水平和养老保障水平

综合来说,从供给水平的角度而言,农村社会养老金替代率是和适度的缴费水平、适度的财政负担水平和可持续的养老保障水平有关(表 5.6)。

1)缴费水平因素

缴费水平主要是和个人的经济承受能力有关系。一方面,个人能否缴得起养老保险费,取决于农村居民的收入水平,不仅仅要考虑农村居民人均纯收入,还要考虑农村居民可支配收入和现金收入;另一方面,和制度有关,如规定的缴费基数或缴费率,以及能否在规定的年限内都能缴费有关。

2)财政负担水平因素

财政负担水平则需要考虑所有符合条件的参保人群,而不仅仅是个体,它主要是和中央财政和地方财政能够拿得出的财政补贴有关系。一方面,中央财政对中西部是有财政补贴的;另一方面,地方财政不仅仅要拿出规定的基础养老金部分,还要在有能力的基础上拿出比制度规定的更高部分的基础养老金,以及激励政策中"多缴多得、长缴多得"的那部分。

但是财政负担水平不是简单地和经济发展有关,它与制度内达到领取待遇年龄的参保人数也有密切的关系。

3)养老保障水平因素

养老保障水平相对来说比较复杂。首先养老保障水平具有刚性,易升难降,这和养老保障的调整有关,既不能不调整,在调整时又不能降低水平,但至少要能跟上通货膨胀、物价水平上涨的水平,使得养老金能够维持一定的消费需求水平。养老保障水平要考虑到可持续性,既不能超过个人缴费能力,也不能超过各级政府财政负担能力(表5.6)。

比较基于影响因素不同性质的分类(表5.5)和供给水平界定的分类(表5.6),可以发现基本类似,但是在表5.6中多了养老金水平调整这项内容。

5.3　实证分析

在前述界定农村社会养老金替代率的适度供给水平的基础上,在此应用相关统计年鉴数据,在新农保制度框架下,从个人缴费能力和财政补贴两方面进行实证分析。

表 5.6　影响农村社会养老金替代率供给水平指标体系

（基于供给水平界定分类）

一级指标	二级指标	三级指标
缴费负担水平	个人经济水平	农民人均纯收入
		农民人均消费支出
		农民现金收入和现金消费差额
	制度因素	个人缴费基数（或缴费率）
		缴费年限
		待遇领取年龄
财政负担水平	财政补助水平	中央财政补助水平
		地方财政补助水平
	人口因素	60 岁以上人口数量
		缴费期人口数量
		0 岁平均预期寿命
		待遇领取年龄平均预期余命
	制度因素	待遇领取年龄
		长缴多得
		多缴多得
养老保障水平因素	养老金替代率水平调整	通货膨胀
		物价指数
	基金保值增值	收益率

资料来源：根据已有文献整理。

5.3.1　适度的个人缴费能力实证分析

根据式(5.20)和(5.21)，在个人缴费负担水平及其上下限值分析的基础上，可以对适度的个人缴费能力进行分析。结合表 5.3 和表 5.7，可以在区分收入组和区分现金的我国农村居民人均收支情况的基础上分别进行分析。

(1)首先分析个人缴费负担水平的分母 $y_i - o_t$ 和 $\alpha y_t - \beta o_t$，分别得到消费剩余和现金消费剩余,具体结果见表 5.7 和图 5.3,并得到以下结论。

第一,现金消费剩余水平明显低于消费剩余水平,且消费剩余差额随着时间和收入的增加而增大。

无论是否分收入等级,这点都很明显。从前述分析,从 2006 年以来,消费剩余减去现金消费剩余得到的消费剩余差额在日益扩大,从分收入等级来看,消费剩余差额随着收入的增加而增大。

第二,低收入户和中等偏下户的现金消费剩余都出现了负金额,已没有多余的现金可以用来缴纳养老保险费,但是中等偏下户的消费剩余还是正的,说明还可以挤压一部分非必需消费项目,节约出现金来缴纳保费。

从 2005 年以来,低收入户不仅现金消费剩余出现了负金额,而且消费剩余也一直是负数,而中等偏下户的消费剩余是正的,但是现金消费剩余在不同的年份出现了负数,而且近两年的负金额已经开始拉大了。结合第 4 章的需求水平来看,低收入户的人均纯收入仅能够负担在现金需求下的基本生活需求,2012 年起基本生活需求(即包括食物、衣着和医疗保健支出需求)已经达到 100%。而把非现金需求也考虑进去的话,则仅能维持最基本生存需求(即仅仅只有食物一项)。这说明低收入户即使在劳动年龄,也没有能力缴纳基本生活需求之外的养老保险费用,而中等偏下户也出现了现金消费剩余为负的情况,表明消费水平在逐年上升,这两年的现金纯收入也不够现金消费了。这无疑都说明这两个收入等级群体已没有多余的现金可以用来缴纳养老保险费了。中等偏下户的消费剩余还是正的,说明还可以想想办法,通过其他非现金纯收入兑换出一定的现金用来缴费,或者挤压一部分非必要消费,如文教娱乐、交通和通讯及其他项弹性比较高的消费项目,把节省下来的现金用来缴纳养老保险费。

第三,中等收入户及其以上的现金消费剩余都为正金额,而且绝对金额随着收入的增加而上升,不仅有能力缴纳养老保险费,而且还可以选择较高的缴费档次。

2012 年,中等收入户、中等偏上户、高收入户的现金消费剩余分别达到 712 元、2086 元、7007 元,这表明在日常消费后,这些收入群体不仅能够缴纳养老保险费,而且还可以选择更高的缴费档次。除此之外,他们还有一定的储蓄。这说明在劳动年龄是中等收入户以上的人群,不仅有能力负担社会养老保险费,甚至还有能力购买商业养老保险等。这样的话,等他们老了,除了可以依靠传统的土地养老和家庭养老之外,还可以依靠个人储蓄养老、社会养老金养老,甚至商业养老金,真正成为有多支柱多层次的养老保障的农村老人。

表 5.7　分收入等级、分现金区别的农村居民消费剩余(2005—2012 年) 单位:元

年份	低收入户		中等偏下户		中等收入户		中等偏上户		高收入户	
	消费①剩余	现金消②费剩余	消费剩余	现金消费剩余	消费剩余	现金消费剩余	消费剩余	现金消费剩余	消费剩余	现金消费剩余
2005	−481	−469	105	−41	523	332	1124	843	3154	2698
2006	−442	−444	183	40	581	339	1216	889	3198	2690
2007	−504	−563	224	8	720	394	1447	1024	3796	3128
2008	−645	−773	282	−39	917	475	1737	1176	4437	3636
2009	−806	−816	239	9	956	614	1876	1413	4833	4026
2010	−666	−815	402	10	1258	738	2415	1749	5859	4870
2011	−1312	−1585	293	−286	1390	564	2891	1782	7634	6038
2012	−1426	−1765	343	−330	1611	712	3218	2086	8734	7007

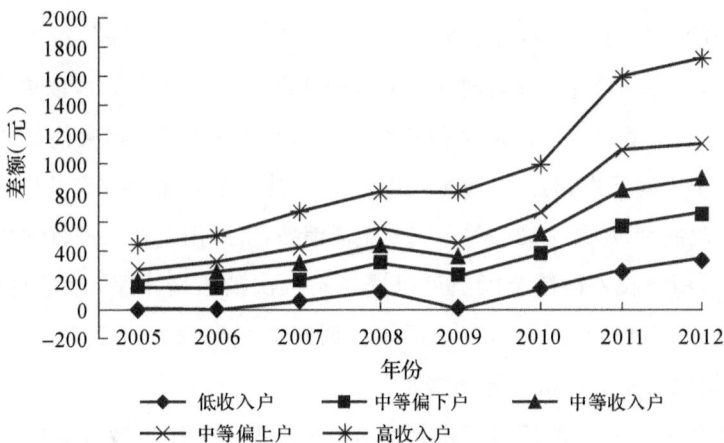

图 5.3　人均消费剩余和人均现金消费剩余的差额等情况(2005—2012 年)

---

①　消费剩余为:农民人均纯收入减去人均消费。
②　现金消费剩余为:农民人均现金纯收入减去人均现金支出。其中农民人均现金纯收入根据《中国住户调查年鉴》测算得出。

2)其次，分析分子 $C_I y_{t-1}$ 和 $C_a i\alpha_y y_{t-1}$ 。

具体计算过程如下，假设：

i. 各项基本消费水平在现有的基础上继续增长；

ii. 新农保制度各项参数不变化。

测算步骤、方法和结果如下：

第一步，可以采用 GM(1,1)灰色预测模型预测 2014—2037 年的各项基本消费金额，并测算出不同层次的基本消费水平，具体结果详见表 5.8；

第二步，根据个人账户精算平衡公式，可以倒算出达到不同层次的消费水平需要年缴纳的保费，具体结果详见表 5.9；

第三步，根据现有新农保制度框架，区分个人缴纳保费和政府进口补贴等，从而测算出需要缴纳的保费。

分收入等级看，可以得到以下基本结论：

第一，低收入户和中等偏下户为了能进入到农村社会养老保险制度中去，必须在现有的新农保制度框架下，选择最低的缴费档次 100 元。

不用再进行测算，这两类收入群体如果有足够的意愿进入到社会养老保险制度中去，只能选择最低的缴费档次，目前为 100 元。但是，对低收入群体，低收入户的边际消费倾向大于 1，说明收不抵支，是政府关注的重点对象。对低收入户，因为该群体在年轻时就无力缴纳社会养老保险保费，所以更需要社会救助来养老，或者由当地政府为他们缴纳最低档次的保费，解决他们的后顾之忧。而对中等偏下户，则需要通过宣传等方式，让他们多了解现有的城乡居民基本养老保险制度，尽量去掉一些非基本生活消费，节约出余钱来进行缴纳保费。

第二，中等收入群体及以上可以选择高档次的缴费水平，通过测算（测算结果如表 5.8 和 5.9 所示），三个群体在低于 712 元、2086 元、7007 元的范围内，可以按照农民自己的意愿缴费。

为了和表 5.8 中的需求年份相对应，在这里设置缴费起始年时，把表 5.8 中的年份作为领取待遇起始年，相应减去 15 年即可。由于新农保制度试点从 2009 年年末才开始，因此减去 15 年后，低于 2010 年的部分需实行差额年份补缴，表中小括号中的数值即为补缴年份。要注意的是，即使补缴，这里也都按照 2.5％计算了复利的年收益。

不看补缴的年份,如果直接从 2010 年按年缴纳,结果显示,中等收入群体只有从 2010 一开始就选择缴纳 567 元保费,才有可能在 2025 年领取养老金时,达到最基本生活需求水平;如果 2011 年才开始缴费,就需要缴纳 620 元,到 2026 年领取养老金,才可能达到最基本生活需求水平。

表 5.8   多层次的年基本需求金额预测   单位:元

年份	第一层次		第二层次		第三层次	
	最基本 生存需求	基本生存 需求	基本生活 需求	基本温饱 需求	基本生活 发展需求	基本生活 总需求
2013	1985	2291	2794	3660	3948	4720
2014	2170	2518	3140	4136	4476	5316
2015	2372	2769	3537	4683	5085	6001
2016	2593	3044	3994	5313	5788	6788
2017	2835	3349	4522	6040	6601	7695
2018	3099	3684	5134	6881	7543	8744
2019	3388	4053	5846	7856	8638	9957
2020	3704	4461	6676	8989	9913	11365
2021	4049	4911	7648	10309	11402	13003
2022	4427	5408	8790	11852	13142	14911
2023	4839	5956	10136	13659	15184	17139
2024	5290	6561	11727	15781	17582	19748
2025	5784	7230	13613	18279	20406	22808
2026	6323	7969	15857	21226	23738	26406
2027	6912	8786	18534	24712	27680	30644
2028	7556	9689	21735	28844	32350	35648
2029	8261	10689	25574	33754	37896	41569
2030	9031	11794	30188	39602	44495	48589
2031	9872	13018	35748	46581	52360	56928
2032	10792	14373	42462	54927	61755	66853
2033	11798	15874	50584	64928	72994	78689
2034	12898	17537	60430	76936	86464	92829

续　表

年份	第一层次		第二层次		第三层次	
	最基本生存需求	基本生存需求	基本生活需求	基本温饱需求	基本生活发展需求	基本生活总需求
2035	14100	19380	72385	91378	102634	109753
2036	15415	21425	86925	108781	122077	130043
2037	16852	23692	104633	129783	145491	154408

数据来源：本书测算得出。

表 5.9　不扣除基础养老金，多层次的年基本需求金额下需缴纳年保费预测

（国家新农保制度框架下"新人"方案，15 年缴费，2.5％年收益率）　　单位：元

缴保费①起始年份	第一层次		第二层次		第三层次	
	最基本生存需求	基本生存需求	基本生活需求	基本温饱需求	基本生活发展需求	基本生活总需求
2010 (12)	195	225	274	359	387	463
2010 (11)	213	247	308	406	439	521
2010 (10)	233	271	347	459	499	588
2010 (9)	254	298	392	521	568	666
2010 (8)	278	328	443	592	647	754
2010 (7)	304	361	503	675	740	857
2010 (6)	332	397	573	770	847	976
2010 (5)	363	437	655	881	972	1114

———————

①　为了和表 5.8 中的需求年份相对应，在这里设置缴费起始年时，把表 5.8 中的年份作为领取待遇起始年，相应减去 15 年即可。由于新农保制度试点从 2009 年年末才开始，因此减去 15 年后，低于 2010 年的部分需实行差额年份补缴，表中小括号中的数值即为补缴年份。要注意的是，即使补缴，这里也都按照 2.5％计算了复利的年收益。

缴保费起始年份	第一层次		第二层次		第三层次	
	最基本生存需求	基本生存需求	基本生活需求	基本温饱需求	基本生活发展需求	基本生活总需求
2010(4)	397	482	750	1011	1118	1275
2010(3)	434	530	862	1162	1289	1462
2010(2)	474	584	994	1339	1489	1680
2010(1)	519	643	1150	1547	1724	1936
2010	567	709	1335	1792	2001	2236
2011	620	781	1555	2081	2327	2589
2012	678	861	1817	2423	2714	3005
2013	741	950	2131	2828	3172	3495
2014	810	1048	2508	3310	3716	4076
2015	885	1156	2960	3883	4363	4764
2016	968	1276	3505	4567	5134	5582
2017	1058	1409	4163	5386	6055	6555
2018	1157	1556	4960	6366	7157	7715
2019	1265	1719	5925	7544	8478	9102
2020	1383	1900	7097	8960	10063	10761
2021	1511	2101	8523	10666	11970	12751
2022	1652	2323	10259	12725	14265	15140

数据来源:本书测算得出。

5.3.2 适度的个人缴费能力和财政补贴关系实证分析

为了分析个人和政府补贴的关系,本书在国家新农保制度框架下,根据多重约束条件中的上限值和下限值,进行多种假设下的分析。

① 假设在没有基础养老金的情况下,要满足第一层次的最基本生存需求水平

最基本生存需求水平为多重约束条件中的下限值。

如果要满足第一层次的最基本生活需求水平,假设以 2010 年开始缴费,在没有基础养老金的情况下,中等收入群体只能最多选择 500 元的缴费档次,另外 67 元(567−500＝67)需要政府的进口补贴。而国家新农保制度框架下,地方政府的进口补贴金额为 30 元/年,仍然存在 37 元的年差额,这个缺口就需要基础养老金来补。经过测算,在 2.5% 的收益下,需要年 66.7 元的基础养老金。因此,现有的制度下,在供给替代率的适度水平内,能够满足最基本生存需求水平,但是需要个人和各级政府的共同努力。

② 假设在有基础养老金的情况下,要满足第一层次的最基本生存需求水平

假设每年有 660 元基础养老金,这相当于在收益率 2.5% 的情况下,每年个人要缴纳 64.71 元,才能在 15 年后达到年 660 元的养老金。

所以,中等收入群体缴纳 502.29 元(567−64.71＝502.29),这样和国家新农保制度中最高档次 500 元相比,仍然多了 2.29 元。这需要地方政府每年补贴 2.29 元,才能使得该人群领取养老金待遇时,能够满足最基本生活需求水平。现有的制度下,在供给替代率的适度水平内,能够满足最基本生活需求水平。

当然,这种假设下,地方政府每年补贴 30 元,个人缴费只需要 472.29 元(502.29−30＝472.29)。如果地方政府增加每年的进口补贴,那么个人需要缴纳的保费就会相应减少。

③ 假设在没有基础养老金的情况下,要满足第三层次的基本生活总需求水平

假设以 2010 年开始缴费,没有基础养老金,在收益率 2.5% 的情况下,年缴纳保费需要达到 2236 元才能满足第三层次的基本生活总需求水平。

能够有实力拿出 2236 元的收入群体已经是高收入群体了,而中等偏上收入群体的消费剩余水平为 2086 元,即使加上地方政府年补贴 30 元,也达不到 2236 元的水平。这也说明在现阶段,要满足第三层次的基本生活总需求水平,还是要依靠农民个人收入,不能依靠政府补贴。

5.4 基本结论

在前述的分析下,基于养老金供给替代率还是以个体进行测算,而个人缴费、政府补贴在待遇给定的情况下,是此消彼长的关系,因此把个人缴费和最终测算到个体上的财政补贴一起换算,以中等收入户的农民人均纯收入为分母,预测得到多层次的年基本需求金额下的适度农村养老金供给替代率,具体结果详见表5.10。

表 5.10 多层次的年基本需求金额下的适度农村社会养老金供给替代率预测
(国家新农保制度下"新人"方案,15 年缴费,2.5% 年收益率,中等收入户农民人均纯收入为分母)

缴保费①起始年份	第一层次		第二层次		第三层次	
	最基本生存需求	基本生存需求	基本生活需求	基本温饱需求	基本生活发展需求	基本生活总需求
2010	10.86%	13.58%	25.57%	34.32%	38.32%	42.82%
2011	9.99%	12.58%	25.05%	33.52%	37.49%	41.71%
2012	9.63%	12.23%	25.81%	34.41%	38.55%	42.68%
2013	9.34%	11.97%	26.86%	35.64%	39.98%	44.05%
2014	8.95%	11.58%	27.71%	36.57%	41.05%	45.03%
2015	8.57%	11.19%	28.66%	37.60%	42.24%	46.13%
2016	8.21%	10.83%	29.74%	38.76%	43.57%	47.37%
2017	7.87%	10.48%	30.96%	40.06%	45.04%	48.75%
2018	7.54%	10.14%	32.33%	41.50%	46.66%	50.29%
2019	7.23%	9.82%	33.85%	43.10%	48.44%	52.00%
2020	6.93%	9.51%	35.54%	44.87%	50.39%	53.89%
2021	6.63%	9.22%	37.41%	46.81%	52.54%	55.96%
2022	6.35%	8.94%	39.46%	48.95%	54.87%	58.24%

数据来源:本书测算得出。

---

① 为了和表 5.8 中的需求年份相对应,在这里设置缴费起始年时,把表 5.8 中的年份作为领取待遇起始年份,相应减去 15 年即可。由于新农保制度试点从 2009 年年末才开始,因此减去 15 年后,低于 2010 年的部分需实行差额年份补缴。表中小括号中的数值即为补缴年份。要注意的是,即使补缴,这里也都按照 2.5% 计算了复利的年收益。

具体结论如下：

第一，适度的农村社会养老金替代率供给水平受到多重目标的约束。

它既受到个人缴费负担、政府财政负担水平的约束，也受到最基本生存需求水平和基本生活总需求水平的约束，同时还受到制度因素、经济因素、人口因素等多重影响。

第二，适度的农村社会养老金替代率供给水平在不同的基本生活需求水平下，变化率是不同的。

从表 5.10 可以看到，在第一层次的最基本生存需求和生存需求水平下，供给替代率在不断降低，而在第二层次和第三层次的基本生活需求水平下，供给替代率在不断上升。事实上，这也说明随着农民人均纯收入的增长，经济水平提高，恩格尔系数降低，用于食品和衣物的基本需求开支比例会逐渐下降，而用于医疗保健、家庭设备及服务等基本需求水平会提升，而且对需求弹性比较大的文教娱乐、交通和通讯的基本需求上升的幅度尤其大。

第三，在现阶段，适度的农村社会养老金替代率供给水平仍然要依靠个人、家庭和政府三方共同努力，才能达到第一层次的最基本生存需求水平。

第四，对于低收入户等收入水平比较低的农民，政府有必要从社会救助或者由地方政府出资帮助他们缴纳最低档次的个人缴费。对于中等收入户以上的人群，则要鼓励他们除了可以依靠传统的土地养老和家庭养老之外，还可以依靠个人储蓄养老、社会养老金养老，甚至商业养老金，真正成为有多支柱多层次的养老保障的农村老人。

6 城乡居民社会养老保险制度参数设计及政策仿真研究

——以浙江省为例

2014年2月26日,国务院正式发布了《关于建立统一的城乡居民基本养老保险制度的意见》(以下简称《建立意见》)国发〔2014〕8号文件,在总结新型农村社会养老保险(以下简称新农保)和城镇居民社会养老保险(以下简称城居保)试点经验的基础上,将新农保和城居保两项制度合并实施,在全国范围内建立统一的城乡居民基本养老保险(以下简称城乡居民养老保险)制度。

至此,中国已经建立了统一的城乡居民基本养老保险制度,形成制度名称、政策标准、管理服务、信息系统的"四个统一",使得全体人民公平享有基本养老保障①。然而城乡居保的顺利发展还需要解决诸多问题,其中关键问题之一表现在养老金水平的城乡差异上,不仅农村养老金水平大幅低于城镇(农村居民如果仅仅依靠社会养老金,无法保障基本生存需要),而且表现在社会养老金的替代率偏低,满足不了农民养老的基本生活需求。不解决该关键问题,城乡居民养老保险合并统一很可能流于制度层面而缺乏实际效果。

在《建立意见》中还留下了相当大的空间,由地方自行按照制度框架设定与本地区相适应的细则,例如个人缴费的档次增设、基础养老金适当提高标准、政府补贴在最低额度以上的具体标准和办法等。

因此,如何在国家城乡居保制度的框架下,进一步细化与各省广大农村地

---

① 引用自新华网北京2月26日"国务院印发关于建议同意的城乡居民基本养老保险制度的意见"一文,http://news.xinhuanet.com/politics/2014-02/26/c_119519058.htm。

区人口经济发展水平相适应的、具有精准关联度的省域地区城乡居民社会养老保险制度的实施细则,是当前各省政府部门十分关注又是急待解决的重要理论和实践问题之一。

以浙江省为例,一是由于浙江省处于东部地区,经济发展水平较高,农民人均纯收入也高,而东部地区是在调整前基础养老金替代率水平最低的地区,更容易看出调整养老金水平的作用;二是虽然浙江省经济发展水平较高,但是中央财政对农保制度支持力度比较小,人口老龄化又比较严重,在适度的养老金替代率水平下,更需要有一套相对科学的指标体系和目标约束值控制养老金支出的财政风险;三是浙江城乡居民养老保险制度(该制度是在新农保制度的基础上纳入了部分没有社会养老保险的城镇居民,以下简称"城乡居保")的建设和推行也在前列,并在 2010 年全省已经实现了制度全覆盖,制度发展基础比较好,有利于建立系统性的实施细则。综上,以浙江省为例有一定的代表性和前瞻性意义。

6.1　"有限财政"理念下的城乡居民社会养老保险制度参数设计

鉴于当前国内外面临的各种风险,从制度可持续发展的角度考虑,本书关于城乡居民社会养老保险制度的设计和创新,主要体现出"有限财政"责任的理念,充分考虑到未来可能面临的农村老龄人口规模大、未来经济社会发展的不确定性、政府财力有限等风险,在实现全覆盖的目标后,进行了有关个人缴费和领取、待遇水平、财政负担的一系列相关的政策仿真和设计。

"有限财政"的优越性主要体现在制度可持续性强、有限的缴费水平在农民可承受的能力之内及保障水平能够满足基本生活需要,既体现了政府的责任是有限的、适度的,对将来发生的风险必须是可控的,又表明财政压力在政府可承受的范围内。具体的政策创新应体现在有限的缴费水平、有限的财政投入和可持续的保障水平的量化分析上。

6.1.1　筹资和待遇标准的确立

(1)筹资和待遇的制度分析

筹资比例和待遇标准的确定和调整涉及个人缴费档次、基础养老金标准、进口补贴标准等多方面因素,直接关系到制度的可持续发展。养老金待遇由基础养老金和个人账户养老金两部分构成。个人账户养老金主要由个人缴费、集体补助、政府进口补贴以及其他补助组成,其计发标准为个人账户储存额除以国家规定的计发月数。缴费越多,个人账户养老金越高,体现的是权利和义务相对等的原则,而基础养老金主要由政府进行出口补贴。因此,从可持续发展来看,主要可以考虑以下内容:

首先,资金筹集要充分考虑到当前浙江省农村居民的收入水平、消费水平和缴费能力,以及财政支出的能力、人口老龄化发展特点等,并通过适当的缴费激励机制(如适当的进口补贴等),使农村居民愿意缴费参保并缴得起费,同时财政补贴也要在可承受的范围之内。

其次,待遇标准至少要确保基本生活水平。基本生活水平保障具体可以根据日常生活需要、基本生活需要、基本生存需要和食品最基本的生存需要等来进行划分。从一般理解来看,国内的最基本待遇水平不能低于城乡居民的最低生活保障标准(以下简称"低保"),值得注意的是低保还有补差[①]的性质。待遇方面要充分考虑到农民的多种养老方式,现阶段还是需要依靠传统的土地、家庭养老方式与社会保障相结合,实现多支柱养老。

再次,基础养老金等调整机制要考虑到社会保障水平"易升难降"的刚性特点,从浙江省实际情况出发,与社会经济发展和物价指数等因素挂钩进行调整,更符合浙江省城乡居民的实际养老需求。参考中央和各省市的做法,都提到类似的基础养老金调整机制,但各地的起点有很大的不同,如重庆、天津和北京已经分别定在80、150、280元每人每月的高起点,后期的调整机制越发需要谨慎。浙江省目前以60元为起点,今后达到什么样的保障标准需要具体明确,可以制定不同的方案进行比较分析。

---

① 即按照低保家庭人均收入低于当地低保标准之间的差额进行发放。

（2）筹资标准和待遇标准的确立

由于筹资需要根据待遇标准来确定，因此确定适合浙江省实际情况的待遇标准是关键。

第一，待遇标准可以参照目标替代率的多层次需求水平来确定。第4章表4.2多层次的农村基本生活需求水平划分的养老保障水平，以最基本生存需求作为下限值，以基本生活总需求作为上限值，参照上年农民人均纯收入，以目标替代率的多层次需求水平为标准来确定。

第二，筹资标准需要综合考虑实际生活需求来确定。以一个从45周岁开始缴费的居民为例，假设其连续缴费满15年，60周岁开始领取养老金。按城乡居保《建立意见》方案①，从2.5%、4%、5%不同的收益率②来测算不同待遇水平时个人缴费、政府进口补贴和基础养老金情况。

根据城乡居保《建立意见》方案，养老金待遇为基础养老金和个人账户构成，目前个人缴费额从100元到2000元分为12档，在此基础上，地方可以根据实际情况增设缴费档次。政府在参保人缴费基础上给予补贴，补贴标准不低于每人每年30元。由于这是统一规定，所以对各地而言，出于不同的经济水平，各档次缴费在今后所能达到的养老金待遇是不同的，尤其对于如浙江省这样经济发展水平比较高的省份，相比其他经济不发达的地区，在同样的缴费情况下，今后的养老金待遇能起到的经济保障作用就会比较小。

根据精算平衡公式的个人账户算法，再加上基础养老金，测算所能达到的待遇水平。①动态方案测算：假设缴费基数和待遇水平每年增长5%③，经测算，在个人缴费600元/年、进口补贴30元/年、收益率2.5%的情况下，个人账户养老金加基础养老金的月待遇水平可以达到最基本生存需求水平；在个人

---

① 根据进口补贴30元/年和基础养老金55元/月的最低水平起步，以139为统一的计发月数，根据精算平衡公式的个人账户算法，再加上基础养老金，测算所能达到的待遇水平。然后根据不同的待遇水平分析个人缴费、进口补贴、基础养老金。

② 本报告之所以采用2.5%、4%和5%以上三档不同的收益率，是因为按照国家新农保试点《指导意见》，个人账户储存额目前每年参考中国人民银行公布的金融机构人民币一年期存款利率计息。根据近年来的利率走势，2.5%大约为低利率水平，5%可作为较高利率水平，再取4%作为中等利率水平。

③ 动态方案即是缴费基数和待遇领取基数在逐年上涨的方案，上涨的原因主要在于物价上涨，且每年连续增加5%。

缴费 800 元/年、进口补贴 30 元/年、收益率 5% 的情况下,个人账户养老金加基础养老金的月待遇水平可以达到基本生存水需求水平。②静态方案测算:假设缴费基数和待遇水平不变[①],经测算,数据与动态方案略有不同,但是基本结论是一致的:即使在个人缴纳 500 元/年、收益率 5% 的情况下,个人账户养老金加基础养老金的月待遇水平都没有达到浙江省 2012 年的基本生存需求水平。

第三,浙江省基础养老金、进口补贴和个人缴费水平的确定。从基础养老金来看,目前国家新农保基础养老金标准为每月 55 元,主要是参照了全国低保补差待遇来确定的。出于浙江省财力、城乡居民的缴费能力等综合考虑,在每人每月不低于 60 元的标准的基础上,经过多次调整,已经达到每人每月 100 元。

进口补贴取决于市、县财政能力。对于财政实力弱的地区,以每年不低于 30 元进行补贴,即基本进口补贴;对于财政实力比较强的地区,在每年 30 元的基础上,可以适当增加额度。根据测算,进口补贴为 90 元/年或上年农村人均纯收入的 1%,相当于个人缴费降低一个档次,这可作为目前适宜的中等进口补贴数额。在此基础上,各市、县可视财政实力再适度增加进口补贴数额。

从个人缴费来看,如果进口补贴为 30 元/年,基础养老金为 100 元/月,要达到满足最基本生存需求水平,据测算,600 元/年或上年农村人均纯收入的 5% 可以作为最低年个人缴费标准;要达到基本生存需求水平,据测算,800 元/年可以作为适宜年个人缴费标准。在适宜缴费档次之上,鼓励多缴费。

6.1.2 基础养老金、个人缴费和进口补贴的调整机制的确立

(1)确定基础养老金的调整机制

国家新农保制度规定,根据经济发展和物价变动等情况,适时调整基础养老金的最低标准。因此,本书综合经济发展和物价变动情况,以基础养老金、个人缴费、进口补贴占上年农村人均纯收入的相对比例来调整相应的绝对值。

---

① 静态方案即是缴费基数和待遇领取基数不变,在缴费和待遇调整不明确的情况下,暂时不考虑物价上涨等因素。

本报告设计了低、较低、中等、高四种调整方案,每两年一次进行调整。

具体基础养老金调整方案如下:

第一,低水平增长方案,至少要与当地物价水平上涨同步。由于历年通货膨胀的平均水平为年增长5%左右,因此,应以两年累积通货膨胀率10.25%进行调整。

第二,较低水平增长方案,要保证基础养老金与上年农村人均纯收入同比例增长。由于农村人均纯收入在去除物价因素以后,每年还以一定的增长率增加,因此较低方案考虑了物价变动和实际收入增长两种因素。

第三,中水平增长方案,基础养老金占上年农村人均纯收入的比例逐年增加。假设在2013年基础养老金每年960元(80×12=960)约为2012年农村人均纯收入14552元的6.6%的基础上,2013—2015年基础养老金占上年农村人均纯收入的比例每两年增加2%[①],到2015年占到8.6%,加上个人账户养老金,为19.5%左右。这样,仅依靠养老金就可以达到最基本生存需求水平。在有家庭和土地等其他养老方式辅助时,可以达到更高的基本生活需求水平。2016—2050年每两年增加1%,逐步达到更高的基本生活需求水平。

第四,高水平增长方案,基础养老金占上年农村人均纯收入的比例进一步加大。假设2014—2020年基础养老金占上年农村人均纯收入的比例每两年增加3%。

(2)确定个人缴费、进口补贴等调整机制

个人缴费标准的调整主要和农村人均纯收入同比例增长,以上年农村人均纯收入的5%作为最低个人缴费率,8%作为适宜个人缴费率。

进口补贴已经设置了不低于30元/年基本补贴、90元/年中等补贴,以历年通货膨胀的平均水平5%调整。

其他财政补贴费用,如丧葬补助费是20个月的基础养老金,因此其调整机制与基础养老金相同。

6.2.3　不同的计发月数的讨论

缴费率的多少将直接影响到积累额,而从养老金月标准来看,参照《国务

---

① 每两年增加以单数年增加,双数年不变。

院关于完善企业职工基本养老保险制度的决定》(国发〔2005〕38 号)文件,个人账户养老金月标准为个人账户储存额除以计发月数,计发月数根据职工退休时人口平均预期寿命、本人退休年龄、利息等因素确定。因此,在缴费率设置和养老金月领取标准中,计发月数的确定是关系到个人账户能否收支平衡、财政兜底责任的多少的重要因素。计发月数由月除数取整得到。

养老保险是以投保人生存领取为保障目标的,领取者的预期寿命和利率会关系到基金领取中月除数的设置和领取水平,并极大影响养老基金的平衡。根据基金平衡的假定 $M_{收} = M_{支}$,得到:

$$Q = \frac{M_{收}}{\dfrac{(1+r')^{e_b} - 1}{r'(1+r')^{e_b-1}}} \tag{6.1}$$

按年养老金发放标准发放养老金时,个人账户养老金支出的计算如下:设养老金发放标准为 Q,参保人员 60 岁后平均余命为 e_b 年,个人账户在领取期的积累利率(即为收益率)为 r'。式(6.1)中的 $\dfrac{(1+r')^{e_b} - 1}{r'(1+r')^{e_b-1}}$ 是养老金发放标准的除数,即月除数的年换算,设为 R,而 $M_{收}$ 即为缴费积累额。

对公式的关键因素进行分析。首先从预期寿命来看。应用 JPOP-1 生命表制作方法,根据浙江省 2000 年人口普查数据、2005 年人口抽样数据,制作出浙江省 2006 年的乡村生命表。由于农村的大部分人口都生活在乡村,可以此表作为农村生命表。分析结果表明,与 2000 年为 19.23 年和 2005 年为 21.09 年的预期余命相比,浙江省 2006 年的农村居民 60 岁预期余命为 21.44 年,有延长的趋势。

其次从基金收益率来看。因为计发月数的设置与收益率相关,因此在 60 岁的预期余命下,根据不同的收益率水平可以得出不同的计发月数。根据统一的计发月数 139,以 2006 年农村居民 60 岁的预期余命 21.44 年测算,其收益率需要在 7.15％左右才能达到收支平衡,这个数字相对比较高。而在预期收益率以现在中国人民银行公布的金融机构人民币一年期同期存款利率计息的标准 2.25％测算,计发月数为 207。收益率从 2.25％增加到 7.15％,计发月数从 207 到 139 随着收益率提高而降低(具体见表 6.1)。

表 6.1　浙江省计发月数参数设置比较

（根据 2006 年农村居民 60 岁预期余命 21.44 测算）

计发月数①	207	203	194	178	168
预期收益率	2.25%	2.50%	3.00%	4.00%	4.14%
计发月数	164	156	152	147	139
预期收益率	5.00%	5.60%	6.00%	6.4%	7.15%

数据来源：本书仿真测算得出。

根据 2000 年农村居民 60 岁预期余命 19.23 年测算，当计发月数为 139 时，预期收益率要达到 6.4% 才会收支平衡。因此，如果仅仅考虑预期余命不断延长的因素，2006 年农村居民 60 岁预期余命延长至 21.44 年时，在预期收益率不变即 6.4% 时，计发月数应为 147。如果年养老金发放标准要和 139 的计发月数维持不变，那么个人账户就会提前支取完，致使产生收支不平衡的现象。根据测算，由于预期寿命的提高，财政至少将为每个参保人多支出基础养老金 11800 元（以每月 100 元基础养老金为测算标准）。

因此，在现实收益率达不到预期收益率，而且预期余命还有不断延长的趋势时，就会有一定的财政缺口。解决的途径可以通过制度内赡养率的提高和财政兜底等方式。在目前生育政策没有改变的情况下，主要依靠财政兜底解决，但是如何避免过多的财政兜底责任是需要重点关注的问题。

6.2　浙江省城乡居民社会养老保险制度政策仿真

在城乡居保制度框架下，把新农保和城居保合并实施，因此本书也对城乡参保人数和政府补贴进行了仿真。

6.2.1　参保人数仿真

根据目前的制度设计，浙江省城乡居民社会养老保险制度的参保对象为

---

① 出于风险最大化和预期寿命还将延长的考虑，月除数取整并没有按照四舍五入的方法，而是有小数的直接上升为整数。例如月除数为 157.2 个月，取 158 的月除数整数作为计发月数。

具有浙江户籍,年满 16 周岁(全日制在校学生除外),非国家机关、事业单位、社会团体工作人员,未参加职工基本养老保险的城乡居民。考虑到参保对象的待遇享受年龄为 60 周岁,分 16～59 周岁参保缴费人员和 60 周岁及以上待遇享受人员两个群体的未来发展趋势进行预测。60 周岁及以上人口预测已经在前面论述。

(1)16～59 周岁人口发展趋势预测

16～59 周岁人口是主要的缴费参保人群,这个年龄群体的数量变化将直接影响到缴费参保人群的数量。从预测结果来看(图 6.1),全省该群体人数在2014—2020 年相对平稳,2021 年之后开始急剧下降,这意味着缴费参保人群将不断减少。同时,随着城镇化的不断推进和人口年龄结构的变化,在 2038—2042 年,城镇 16～59 周岁人口将超过农村,并保持相对稳定,因而将有相当一部分人加入到职工基本养老保险中去。可见,农村养老负担在未来将逐渐加大。

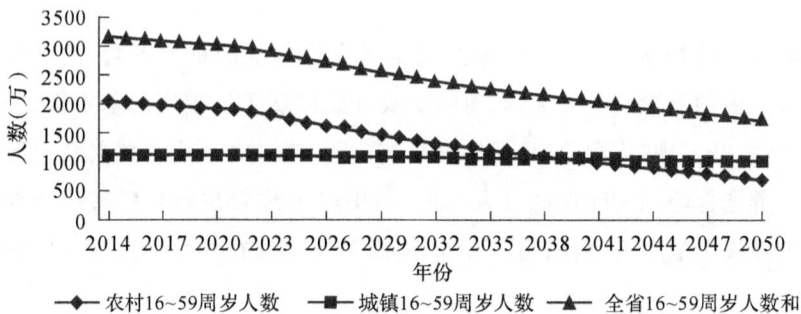

图 6.1 浙江省 16～59 周岁人数预测(2014—2050 年)

(2)参保人数发展趋势假设和预测

参保人数除了跟人口年龄结构发展趋势密切相关外,还需要考虑缴费参保意愿、城镇化等其他因素,因此,课题组结合浙江省实际以及城乡居民社会养老保险制度的发展,作了如下假设:

①非缴费参保人数预测:凡是 2009 年达到 60 周岁及以上、符合领取基础养老金条件的城乡居民全部纳入到该制度中。其中假设城镇 60 周岁及以上

居民加入到该制度中的比率为 30%[①]；

②缴费参保人数预测：由于受到参保意愿[②]和城镇化[③]的影响，去除非缴费参保人群后，主要缴费参保人群为达到 45 周岁及以上城乡居民[④]。因此，假设符合参保条件的 45 周岁及以上城乡居民经过前几年制度实施的过程，在 2013 年后 90%以上都加入到城乡居民社会养老保险制度中。

综上，得出 60 周岁及以上待遇享受人数和 45～59 周岁主要缴费参保人数：2014 年 60 周岁以上待遇享受人数大约为 725 万，之后随着人口老龄化和参保缴费人数的增加，2020 年约为 831 万人，2033 年达到高峰期，约为 1099 万人，之后开始下降。

45～59 周岁主要缴费参保人数 2014 年约 816 万，2020 年约 882 万，由于年龄结构变化的因素，2022 年达到顶峰 893 万人左右，之后开始下降，2030 年约为 664 万。

6.2.2　政府补贴仿真

政府财政补贴是新农保制度区别于老农保制度的重大不同，是增强制度可持续发展的关键。一方面，政府的财政补贴体现了该制度的基本性、公平性和普惠性，是实现"广覆盖"目标的支撑，需要适当加大政府公共财政对城乡居民社会养老保险制度建设的投入力度，明确各级政府在城乡居民社会养老保险制度建设中的财政责任；另一方面，财政补贴必须在中央和地方政府的财政

---

① 城镇 60 周岁及以上居民加入到该制度中的比率为 30%，因为根据以往的经验数据，城镇 60 周岁及以上居民 70%已经加入了城镇企业职工基本养老保险制度。农村 60 周岁及以上居民基本被全覆盖。

② 从参保意愿看，根据调研数据，越接近 60 岁养老金领取年龄，参保意愿越强。根据嘉兴地区的统计，已参加城乡居民社会养老保险制度人员中，45～60 周岁占 70%；除去 60 周岁以上的人员，45 周岁以下的人员仅仅占到 14%。

③ 从城镇化影响看，就业和户口的变化将导致一部分城乡居民会选择参加职工基本养老保险。假设 2009 年农村达到 40 周岁以上的居民都留在农村参加该制度，而 40 周岁以下的农村居民其未来有一部分可能流动到城镇发展。按照浙江省农村人口转移到城镇的比率，以每年 40 周岁以下农村人口平均转移 1%到城镇长期就业计算，累计 20 年估算，预计留在本制度内领取养老金的占该部分人口的比重在 80%以上。同时考虑到 2009 年还未满 40 周岁的城镇居民就业机会较大，很有可能加入到城镇企业职工基本养老保险中去。因此，假设 2009 年以后城镇 40 周岁以下的劳动年龄人口没有就业的人口并愿意加入到城乡居民社会养老保险的占 10%左右。

④ 根据嘉兴地区的统计，已参加城乡居民社会养老保险制度人员中，45～60 周岁占 70%；除去 60 周岁以上的人员，45 周岁以下的人员仅占 14%。因此，在这里主要考虑 45 周岁以上的参保群体。

承受范围之内,避免造成过重的负担。

需要充分考虑到浙江省未来可能面临的政府财力有限、农村人口规模大、未来经济发展的不确定性因素等风险。为平稳地实现全覆盖的目标,在"有限财政"责任理念下,运用数理人口学、精算学、经济学等多学科方法对到2050年的财政补贴等进行了政策仿真。

(1)财政出口补贴(基础养老金)预测

由于浙江省农村60岁以上人数在不断增加,加上基础养老金不断上调的趋势,基础养老金总额也会呈现出不断上升的趋势,2014年浙江省城乡居民社会养老保险制度(包括中央财政支出一起算在内)需要拿出的62.5亿元基础养老金。之后,在不同的调整方案下,基础养老金的支出趋势也不一样,而且差异很大。

(2)丧葬补助费预测

浙江省规定已领取养老金待遇的参保人员,在其死亡后,遗属可享受一次性丧葬补助费,以享受的基础养老金的20个月计算,起始年死亡人员遗属可拿到1200元的补助。根据测算,由于死亡人数有不断上升的趋势,丧葬补助费用也不断上升,到2020年,低水平调整方案和高水平方案的丧葬补助费相差达17.66亿元,因此丧葬补助费的提高也需要慎重。

(3)财政进口补贴预测

财政进口补贴预测中,以30元/年的最低进口补贴和90元/年的中等进口补贴水平[1]分别预测,作为进口补贴基本方案和中等方案[2]。

除了人口结构、城镇化发展水平等影响,在基础养老金的假设外,对进口补贴还有如下假设:①基本进口补贴的上调比例与低水平基础养老金相同;②主要对45岁以上的制度内城乡居民所得的进口补贴进行预测[3]。

从仿真结果来看,由于人口结构的影响,缴费人数在逐年下降,但是进口

---

[1] 中等进口补贴水平在此的作用是至少可以帮助农民在待遇不变的时候降低一个缴费档次(即降低100元),或者实质上可以鼓励农村居民选择高一个级别的缴费档次,起到鼓励农村居民多缴费的作用。

[2] 由于270元/年的高方案对大多数人基本不具备代表性,在此就不进行预测了。

[3] 源于嘉兴等地的调研,45~59岁的人群缴费参保意愿强烈,为主要缴费参保群体。

补贴在逐年往上调整,所以预测金额有逐年上升的趋势。不过由于45～59岁年龄结构的影响,造成2028—2030年和2046—2048年两个小高峰,最高峰时期达到12亿左右。而且,对比最低进口补贴和中等进口补贴金额可以发现,虽然只是从30元/年提高到90元/年,但是总金额要多支出两倍。因此,进口补贴的适度数额与市县财政能力是否能够承受有相当密切的关系。

(4)城乡居民社会养老保险制度财政补贴总额预测

为了更好地分析城乡居民社会养老保险制度建设所需的财政补贴总额,以下根据不同的财政补贴标准,对未来40年浙江省的财政补贴进行了测算,方案为基础养老金＋丧葬补助费＋进口补贴,并且以低、较低、中、高四种基础养老金调整方案、30元/年和90元/年两种进口补贴方案分别进行组合测算。其中对浙江省财政的假设考虑到财政风险最大化,以2012年全省财政支出为基数,基于对未来经济发展等风险的考虑,以谨慎的原则,分别假设:①财政支出2009—2015年增长率为10%,2016—2020年为8%,2021—2030年为6%,2031—2050年为4%;②财政支出年增长率为10%。

通过财政补贴与预测的财政支出的比较,财政负担同财政支出总量、制度内老年人口数和调整方案水平直接相关(图6.2)。制度建立的前10年,由于假设60岁以上的领取人数都在国家实行的普惠制内,所以财政负担占的比例普遍逐渐升高。当财政支出增长率趋缓时,尤其是以高水平和中等水平调整财政补贴时,2020年以后财政负担会明显加重。随着人口老龄化程度加深,领取人数不断增加,而基础养老金和进口补贴不断上调,总的财政补贴数额有快速上升的趋势。在高、中水平(基本进口补贴)调整方案中,到2031年可分别达到12.01%和7.16%,财政负担比较高,而较低水平和低水平方案才占2.32%和1.36%左右,对财政几乎没有压力。如果财政支出的总量始终以10%的增速上涨,到2031年高、中、较低和低四中调整方案分别达到7.15%、4.27%、1.38%和0.81%。2031年之后,随着财政支出总量增速的不同,财政负担出现了差异,当增速不变时,老龄化高峰之后,又加上城镇化的影响,财政补贴所占比例不断下降,压力在不断减轻。当财政支出总量增速下降后,如果财政补贴的调整力度还是比较大,如中等进口补贴情况下的高水平和中水平调整方案,即使人口老龄化高峰过后,财政压力还会继续上升。

从调整的四种方案比较得出,高水平的调整方案对财政压力太大;中方案取决于财政支出的增速,当财政增长形势仍然比较稳定时,其财政补贴占比基本在5%以下;低方案和较低方案则不论哪种财政增长方式,都在2.5%以下。

可见,由于浙江省总体的经济发展水平比较高,财政收入相对较高,财政支出的量比较大,即使全省的经济情况有比较大的起伏,城乡居民社会养老保险制度的建设如果采用低水平和较低水平的财政补贴方案,基本在财政负担以内,其财政还是可以维持城乡居民社会养老保险制度的运营。而高水平的财政补贴方案对财政的压力过大,尤其随着经济总量的提升,财政收入和支出增长率大幅度下降时,将对全省经济的发展形成不可忽视的潜在风险。中水平方案需要依赖对未来经济发展的形势判断,相机选择。

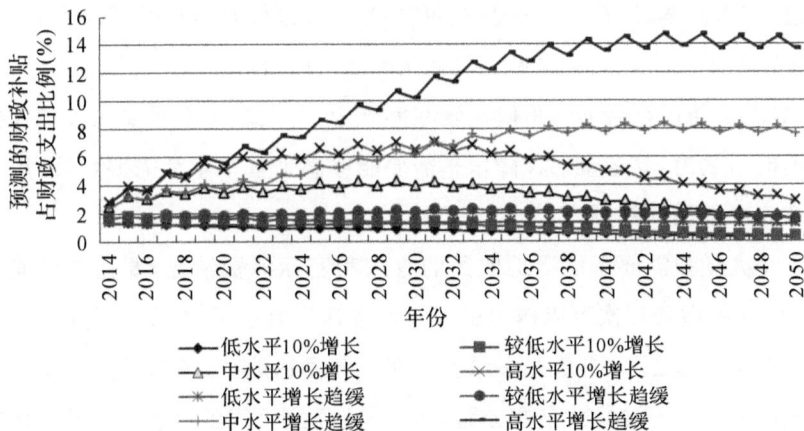

图6.2 浙江省城乡居民社会养老保险制度2014—2050年财政补贴占财政支出比例预测
  (在基本进口补贴时,低水平、较低水平、中水平和高水平养老金方案,财政以每年10%增长率和分阶段增长率增长)

6.3 基本结论

要切实发挥社会养老保险制度对广大农村居民的养老作用,在对人口经济社会风险有充分的认识基础上,在城乡居民基本养老保险制度的建立意见下,坚持"保基本、广覆盖、有弹性、可持续"原则,建立与浙江省人口经济社会相适应的、"有限财政"理念下的城乡居民社会养老保险制度,并在制度全覆盖之后,进行社会养老保险制度的整合,建立多支柱分层次的养老保障体系。具体得出以下结论和需要考虑的几个问题。

(1)对未来的人口老龄化发展形势和可能面临的经济形势以及由此增加的财政负担水平要有充分的考虑。

一方面浙江省城乡人口老龄化的发展速度有较大的差异,其中农村人口老龄化要明显快于城镇人口老龄化(平均增长率分别为:0.85％和0.49％)。其中农村人口老龄化的峰值时间为2033年,将达到983.22万人;城镇人口老龄化的峰值时间为2044年,将达到717.32万人[①];另一方面,浙江省可能面临未来经济发展增速下降、产业结构转型成本较大、财政支出紧缩等风险。

(2)即使是经济发达的浙江省,要实现社会养老保险制度覆盖城乡居民,也要遵守"保基本、广覆盖、有弹性、可持续"的原则,但是从时间点上看,基本可以提前实现社会养老保险制度覆盖城乡居民的目标。

(3)城乡居民社会养老保险制度在实施中,个人缴费水平要在各地农民可承受的能力之内,养老金的保障水平需要能够满足基本生活需要,财政压力又要在政府可承受的范围内。

①个人缴费需要考虑当地农民的收入和实际消费情况,要让农民能缴得起。500元的缴费档次可以作为浙江省城乡居民社会养老保险制度实施的主要推荐缴费类型之一,并鼓励多缴费。在经济发达地区,考虑适当增设缴费档次的同时要注意不要拉大贫富差距,而在欠发达地区,在考虑下调缴费档次的同时要注意其保障水平至少能满足农民的基本生活需要。

②养老金的保障水平需要能够满足基本生活需要。虽然由国家财政全额支付

---

① 研究表明,2008年农村40岁以上的人口数为1457.6万人左右,其未来可能流动到城镇发展的可能性较小,该部分人口将会留在制度内领取养老金。2008年农村40岁以下的人口数为1431.6万人左右,其未来有一部分可能流动到城镇发展,但鉴于本制度具有城乡居民的兼容特征和不具有"可转移"的特性,因此,在2028年以前,城镇化对该制度几乎没有影响,之后该部分的大部分人口仍将会留在制度内领取养老金。按照我省农村人口转移到城镇的比率估算,预计留在本制度内领取养老金的占该部分人口的比重在90％以上[1]。因此,2028年以前,城镇化几乎对城乡居民社会养老保险制度的财政补贴没有影响,2028年以后,对财政补贴的影响估计比最多补贴的情况将减少10％。

农民的最低标准基础养老金,但是由于各地的消费情况不同,在此基础上,需要综合考虑不同类型地区的人口老龄化进程、期望寿命的变化及人口社会经济结构、数量和社会经济宏观指标,来确立能够满足基本生活需要的养老金待遇标准。

③中央财政和地方省市县各级财政的出资既要体现政府的责任,财政压力又要在政府可承受的范围内。

(4)要防范统一的计发月数139可能会带来的财政缺口问题。

(5)统筹城乡社会养老保险制度过程中,需要注意城镇职工基本养老保险替代率过高和城乡保障水平差异的问题。

7　结论和政策建议

7.1　结　　论

统筹城乡的视角下,本书结合人口、经济、社会和制度等因素,力图从保障农村老年人基本生存和生活水平的需求条件,以及个人缴费、财政支出和基金运营等供给条件出发,分析研究"在负担和待遇水平等多重约束机制下,多种交叉影响农村社会养老金替代率水平及其发展的因素及其机制",并据此进行实证分析,以浙江省为例进行政策仿真,完善城乡居保制度。基本结论如下:

(1)农村社会养老金替代率实际值总体偏低,城乡差距较大。其中基础养老金替代率水平显示出了较大的地区差异和群体差异,对收入越低的农村居民,基础养老金替代率越高,所起到的保障作用越大。

由于养老金替代率是相对指标,在分子养老金数额不变的情况下,当分母农民人均纯收入越低时,养老金替代率就会越高。通过对东、中、西部不同地区以及分收入等级的不同测算,并通过国家新农保制度和发达地区浙江省城乡居保制度的测算,都显示出该差异。从收入等级分组看,农村低收入户的基础养老金替代率最高。东部地区的新农保制度基础养老金替代率最低,并且低于全国水平,从低往高,依次是东北地区、中部地区和西部地区。而这也说明,基础养老金对中西部和低收入群体的作用远远高于对东部地区和中高收入群体。

(2)新农保基础养老金替代率比城镇低,在绝对基础养老金不变的情况下,随着农民人均纯收入的提高,基础养老金替代率不断下降,调整提高基础养老金会提高养老金的相对水平。

通过国家新农保制度和浙江省城乡居保制度的对比可以看到,调整基础养老金将有效提高养老金的相对水平,否则,在绝对基础养老金不变的情况下,随着农民人均纯收入的提高,基础养老金替代率将不断下降,所起到的保障作用也将日益下降。

(3)适度的农村社会养老金替代率供给水平受到多重目标的约束,既受到个人缴费负担、政府财政负担水平的约束,也受到最基本生存需求水平和基本生活总需求水平的约束,同时还受到制度因素、经济因素、人口因素等多重影响。其供给水平在不同的基本生活需求水平下的变化率是不同的。在现阶段,仍然要依靠个人、家庭和政府三方共同力量,才能达到第一层次的最基本生存需求水平。

从表 5.10 可以看到,在第一层次的最基本生存需求和生存需求水平下,供给替代率在不断降低,而在第二层次和第三层次的基本生活需求水平下,供给替代率在不断上升。事实上,这也说明随着农民人均纯收入的增长,经济水平提高,恩格尔系数降低,用于食品和衣物的基本需求开支比例会逐渐下降,而医疗保健、家庭设备及服务等基本需求水平会提升,而且对需求弹性比较大的文教娱乐、交通和通讯的基本需求上升的幅度尤其大。

中等收入户及其以下收入群体仅仅依靠个人缴费达到满足第一层次的基本生存需求水平还是不太现实的,但是也不能全靠政府财政养老。当我国的老龄化高峰来来临时,居高不下的社会养老保险水平必然会导致严重的财政危机。

(4)从适度的农村社会养老金需求水平看,目标替代率的平均值掩盖了不同收入户的养老金需求替代率差异,建议以中等收入户的目标替代率需求水平作为适度水平。

由于农村基尼系数的拉大,收入分配的不平等性日益凸显。经过平均后的农民人均纯收入事实上掩盖了不同收入户的收入差异问题,不同收入等级的边际消费倾向也是不同的,而且高收入户的收入拉高了平均农民人均纯收入。因此,不分收入等级的目标替代率的平均值掩盖了不同收入户的养老金需求替代率差异。

建议以中等收入户的目标替代率需求水平作为适度水平。从分收入等级的需求替代率来看,中等收入户在劳动年龄的收入一方面能够负担现金消费的基本生活总需求,另一方面在用现金支付基本生活总需求之后,还有 40%~48%①的纯收入可用于非基本现金消费支出或储蓄,这就使得这部分群体有能力负担一定水平的社会养老保险费,在权利和义务之间达到对等。

和其他各收入等级比较,低收入户在劳动年龄仅能维持以食物、衣着和医疗保健为主的基本生活现金需求水平,没有能力缴纳社会养老保险费;中等偏下收入户的缴费能力也在逐年下降,最低时仅余下 13%的纯收入用于其他消费。因此,以低收入户或中等偏下收入户的人均纯收入作为基数测算会导致替代率水平偏高;中等偏上收入户及以上群体,除了负担基本需求之外,还可以负担适度水平的非基本需求;但是,如果以中等偏上收入户及其以上人群的人均纯收入作为基数测算会导致替代率水平偏低。综上,低收入户、中等偏下收入户和中等偏上收入户以上群体由于人均纯收入基数的偏低和偏高,其需求替代率都不适合在现阶段作为适度需求水平。

通过以上分析,也说明在劳动年龄是中等收入户以上的人群,有能力负担社会养老保险费,甚至还可以有能力购买商业养老保险等。这样的话,等他们老了,除了可以依靠传统的土地养老和家庭养老之外,还可以依靠个人储蓄养老、社会养老金养老,甚至商业养老金,真正成为有多支柱多层次的养老保障的农村老人。

(5)现阶段,适度的农村养老金目标替代率需求水平的下限值,可以用现金需求测算的中等收入户目标替代率需求水平中的最基本生存需求替代率作为起步,慢慢上升到包括非现金需求在内的最基本生存需求替代率,而上限值不能超过基本生活总需求。

用现金消费支出和消费支出两个不同的数据来计算边际消费倾向,虽然测算数值差异不大,结论也基本统一,但是要注意到边际现金消费倾向要略小于边际消费倾向,这说明在计算以现金发放养老金时可以参照现金消费支出标准,但是当农村老人劳动能力逐渐减弱时,最终要参考的还是消费支出

---

① 13%~25%是 100%减去 2009—2012 年中最高的基本生活总需求替代率 87%和 4 年的平均值 75%得到。

标准。

从需求层次来看,可以从第一层次中的最基本生存需求作为下限值,以第三层次中的基本生活总需求作为上限值。

(6)现有的新农保制度整体替代率偏低,有关计发月数、基础养老金水平调整、地方政府补贴、激励政策补贴等参数细则还需要进一步确定。

如计发月数低于60周岁余命,政府财政风险随着人均预期寿命的延长而加大。

从地方政府补贴看,30元/年的进口补贴对养老金替代率还是有一定的影响的,在不同的收益率水平下,能够提高0.6%~0.7%的养老金替代率水平。这也说明在农民个人缴费偏低、选择缴费高档次比例不多、缴费年限高于15年的比例不多的情况下,采用政府进口补贴和激励政策,可以鼓励缴费参保,提高个人账户养老金替代率和基础养老金替代率,但是需要根据目标替代率进行科学制定。

由于缺乏统一的养老金调整机制,首先基础养老金不能抵御通货膨胀上涨的影响,其保障作用也在降低。2009年定的基础养老金标准660元/年,它的实际购买力在其后几年不断下降。保证基础养老金的实际购买力是非常重要的内容。其次,个人缴费档次没有体现出缴费和收入的关系,也没有和农民人均纯收入同步上涨。如果目前和今后大部分缴费农民仍然按照最低缴费档次100元缴费,个人账户养老金替代率将非常小,其保障基本生活水平的作用也将微乎其微。

7.2　政策建议

本书基于以上分析,为使农村社会养老金水平能够满足农民的基本生活需求,又不超出农民的缴费能力和各级政府的财政负担能力,有利于破除城乡二元机制,统筹城乡发展,提出以下政策建议。

(1)各省需要根据实际情况,对城乡居民基本养老保险制度设置科学的制度参数。

个人缴费需要考虑与当地农民的收入和实际消费情况,要在当地农村居民的承受能力范围内。在现有的 12 个档次中,可以细分 1000 元到 1500 元、1500 元到 2000 元的缴费档次。在经济发达地区,考虑适当增设缴费档次的同时要注意不要拉大贫富差距,而在欠发达地区,在考虑下调缴费档次的同时要注意其保障水平至少能满足农民的基本生活需要。

中央财政和地方省市县各级财政的出资既要体现政府的责任,财政压力又要在政府可承受的范围内。

综合考虑人口老龄化发展趋势和预期寿命延长趋势,适当调整 139 的计发月数。要注意到目前统一的计发月数 139 没有考虑到人均预期寿命延长、预期收益率达不到实际收益率所造成的缺口等因素,在制度内赡养率没有提高的情况下,需要财政兜底。因此,当人均预期寿命不断延长,收益率和制度赡养率不能达到 139 的计发月数的要求时,可以在适当的时候调整计发月数,采用高于 139 的计发月数,建议采用 156 或者 164 的计发月数,降低政府的财政兜底责任。

在领取养老金的过程中,对于未活过平均预期寿命的居民,允许退还个人账户中除政府进口补贴外的所有剩余金额,保证个人账户的权益。

(2)对于城乡居民基本养老保险制度,需要设置科学的调整机制。

养老金的保障水平需要能够满足基本生活需要。虽然由国家财政全额支付农民的最低标准基础养老金,但是由于各地的消费情况不同,需要综合考虑不同类型地区的人口老龄化进程、期望寿命的变化及人口社会经济结构、数量和社会经济宏观指标,来确立能够满足基本生活需要的养老金待遇标准。

建议领取的养老金最低待遇和政府财政补助一起,以满足第一层次的以现金计算的最基本生存需求水平起步,逐渐过渡到最基本生存需求水平,再逐渐上升,但是不能超过基本生活总需求。

基础养老金水平在不同缴费率和待遇下是统一的,其原则是既要体现权利和义务的对等,又要保障公平性。它对广大农村居民多缴费的吸引力在于比银行存款利率略高的稳定的收益水平和适当增加的进口补贴,既要体现多缴多得,又要注意进口补贴增加的额度不能按比例增加,避免富人多得的逆向选择。

不同地区政府要慎重对待进口补贴,注意中央财政、浙江省财政和市、县财政在不同阶段面临的财政风险。建议在经济发达的地区,在 30 元/年的最低进口补贴基础上,地方政府可以适当增加额度。90 元/年为目前适宜的进口补贴数额(可以实质上降低个人缴费一个档次),之后逐渐上升,既可以提高制度的吸引力,缓减农民的缴费压力,又可以缓减老年抚养比增大引起的财政出口压力;而在经济相对不发达地区,建议在制度实行的初期,进口补贴尽量以低水平起步,减小地方财政压力,而在今后的发展过程中,可以逐年提高,有助中央财政和浙江省财政缓减"出口"压力。

需要注意的是,为了防止逆向选择,进口补贴不能随着个人缴费的上升而按比例上升,否则容易造成农村有钱人高缴费高补贴的现象。

建议采用中水平财政补贴方案进行调整,既可以降低农村居民个人缴费的压力,增强制度的吸引力,吸引更多的农村居民加入到制度中来,扩大覆盖面,同时又没有造成过重的财政负担。

(3)传统的养老方式、商业养老保险等应该和城乡居民社会养老保险制度结合,发挥不可代替的养老作用。

在初期城乡居民社会养老保险制度保障水平还不高的情况下,在相当长一段时间内,传统的土地养老和家庭养老方式还将发挥不可代替的作用。要把新农保制度与传统的土地养老、家庭养老方式相结合,加上商业养老保险等补充保险,共同发挥养老作用,真正使多支柱、多层次的养老保障体系起到保障作用。

(4)大力宣传城乡居民社会养老保险制度的实惠,靠制度本身的吸引力吸引广大城乡居民参保,积极推进参保缴费的积极性,关注缴费有困难的低收入人群,提高制度的可持续性。

对于低收入户等收入水平比较低的农民,政府有必要从社会救助或者由地方政府出资帮助他们缴纳最低档次的个人缴费。对于中等收入户以上的人群,则要鼓励他们除了可以依靠传统的土地养老和家庭养老之外,还可以依靠个人储蓄养老、社会养老金养老,甚至商业养老金,真正成为有多支柱多层次的养老保障的农村老人。

(5)逐步缩小城乡居民基本养老保险待遇差距,促使多支柱分层次养老保障体系早日形成。

在未来的整合过程中,可以适当逐步降低城镇企业职工养老保险替代率水平,与此同时,加快建立企业补充性养老保险制度,规范商业保险运营程序,保证个人储蓄性养老资产拥有有效的投资渠道,以维持总和替代率与现有水平保持一致,并以此构建多支柱分层次养老保障体系。收入水平过低、未被缴费型的社会保险覆盖的群体,可以在满足一定年龄等条件下通过非缴费等形式加入到养老保险体系中来,而收入水平比较高的人群可以加入补充性养老保险获得更好的养老保障制度,满足差异性的养老需求,在维护社会公平原则的同时,又不损害激励机制的发展。

参考文献

阿里木江，阿不来提. 新疆新型农村社会养老保险替代率的实证研究[J]. 西北人口，2010(5):49-54.

蔡宏昭. 社会福利经济分析[M]. 台北:扬智文化，2004.

曹信邦. 农村社会养老保险政府责任供给机制的构建[J]. 社会保障研究，2012(1):92-106.

陈娟. 农村社会养老保险替代率的初步探讨[J]. 当代经济，2009(2):146-148.

程永宏. 现收现付制与人口老龄化关系定量分析[J]. 经济研究，2005(3):57-68.

储德银. 我国农村居民消费需求和收入水平的动态性研究——基于中国1990—2007年数据[J]. 消费经济，2009(2):31-34.

褚福灵. 论养老保险的缴费替代率与待遇替代率[J]. 北京市计划劳动管理干部学院学报，2006，14(1):8-12.

褚福灵. 养老保险金替代率研究[J]. 北京市计划劳动管理干部学院学报，2004，12(3):17-21.

崔玉姝. 新型农村社会养老保险个人账户替代率的实证分析——基于河北省部分试点县的数据[J]. 劳动保障世界，2011(12):15-17.

邓大松. 新型农村社会养老保险替代率的测算与分析[J]. 山西财经大学学报，2010(4):8-13.

邓大松. 新型农村社会养老保险替代率精算模型及其实证分析[J]. 经济管理，2010(5):164-171.

邓大松，刘昌平. 中国养老社会保险基金敏感性实证研究[J]. 经济科学，2001(6):13-20.

邓大松，刘昌平. 新农村社会保障体系研究[M]. 北京：人民出版社，2007.

邓大松，薛惠元. 新型农村社会养老社会保险替代率的测算与分析[J]. 山西财经大学学报，2010，32(4)：8-13.

丁煜. 沈金花. 我国社会养老保险替代率的地区差异及其影响因素研究[J]. 甘肃行政学院学报，2012(5)：81-88.

方福前. 城乡居民不同收入的边际消费倾向及变动趋势分析[J]. 财贸经济，2011(4)：22-30.

封进. 中国养老保险体系改革的福利经济学分析[J]. 经济研究，2004(2)：55-63.

冯兰. 新型农村社会养老保险的供需研究[D]. 博士论文，华中农业大学，2013.

高建伟. 中国基本养老保险替代率精算模型及其应用[J]. 数学的实践与认识，2006(5)：18-23.

高杰，盛昭翰. 集对分析聚类预测法及其应用[J]. 系统工程学报. 2002，17(5)：458-462.

糕蕾云. 农村最低生活保障标准测定与应用研究[D]. 硕士论文，山东农业大学，2011.

国家统计局住户调查办公室. 中国住户调查年鉴 2013. 北京：中国统计出版社，2013.

韩伟，穆怀中. 中国统筹养老金适度调整指数分析[J]. 财经研究，2007(4)：74-84.

何平. 城乡统筹中的社会保障[J]. 中国劳动保障，2006(9)：19-20.

何平，Hyung JL. 中国农村养老保险制度改革与发展报告[M]. 北京：中国经济出版社，2011.

何文炯. 农村社会养老保险：进与退[J]. 浙江大学学报(人文社会科学版)，2001，31(3)：102-107.

胡爱文. 美国贫困线及其反贫困政策研究：1959—2010[D]. 硕士论文，华东师范大学，2011.

胡晓义. 养老金替代率三题[N]. 中国劳动保障报，2001-11-29(4).

贾洪波，高倚云. 基于帕累托优化的基本养老金替代率测算[J]. 市场与人口分析，2007，13(1):56-80.

贾洪波，温源. 基本养老金替代率优化分析[J]. 中国人口科学，2005(1):81-87.

贾宁. 基于精算模型的"新农保"个人账户替代率研究[J]. 中国人口科学，2010(3):95-102.

蒋正华. JPOP-1 人口预测模型[J]. 西安交通大学学报，1983，17(4):111-114.

景天魁，毕天云. 论底线公平福利模式[J]. 社会科学战线，2011(5):161-167.

李春琦. 农村居民消费需求与收入构成的关系研究——基于面板数据的分析[J]. 上海经济研究，2011(12):36-44.

李绍光. 养老基金制度与资本市场[M]. 北京:中国发展出版社，1998.

李社环. 我国基本养老金精算假设的实证分析[J]. 预测，2008(6):30-34.

李迎生. 社会保障与社会结构转型——二元社会保障体系转型[M]. 北京:中国人民大学出版社，2001.

李珍. 社会保障理论[M]. 北京:中国劳动社会保障出版社，2001.

李珍. 中国养老保险基金管理模式的选择——以国际比较研究为基础[M]. 北京:人民出版社，2005.

李珍. 基本养老保险目标替代率研究[J]. 保险研究，2012(1):97-103.

梁鸿，赵德余. 人口老龄化与中国农村养老保障制度[M]. 上海:上海人民出版社，2008.

梁平. 新型农村社会养老保险替代率测算方法与预测研究——基于政策的仿真推进视角[J]. 安徽农业科学，2012，40(6):3628-3630.

林宝. 提高退休年龄对中国养老金隐性债务的影响[J]. 中国人口科学，2003(6):48-52.

林朝仗. 我国基本养老保险个人账户替代率研究[D]. 硕士论文，厦门大学，2009.

林东海，丁煜. 养老金新政:新旧养老保险政策的替代率测算[J]. 人口与经济，2007（1）:69-74.

林义. 社会保障基金管理[M]. 北京:中国劳动社会保障出版社，2002.

刘芳. 社会保障制度的国际比较研究[J]. 宁夏党委学报，2002(2):53-56.

刘慧霞. 新型农村社会养老保险替代率水平和影响因素分析[D]. 硕士论文，
　　山东大学，2012.

刘黎清. 浙江省城镇居民消费结构分析[J]. 经济纵横，2005(2):83-85.

刘宁. 社会养老保险替代率评估模型的构建与运用[J]. 兰州大学学报，2005
　　(11):118-122.

刘书鹤. 农村社会保障的若干问题[J]. 人口研究，2001(5):35-42.

刘晓红. 我国农村居民信息消费需求实证分析[J]. 西北农林科技大学学报，
　　2012(1):21-27.

刘晓红. 中国农村不同收入水平消费需求实证分析[J]. 经济与管理，2011
　　(8):32-36.

柳清瑞. 养老金替代率的自动调整机制研究[J]. 中国人口科学，2005(3):
　　51-55.

柳清瑞等. 中国养老金替代率适度水平研究[M]. 沈阳:辽宁大学出版
　　社，2004.

吕学静. 完善农村居民最低生活保障制度的思考[J]. 经济与管理研究，2008
　　(1):73-77.

卢海元. 农民养老金制度:替代保护价收购的最佳政策选择[J]. 求实，2002
　　(11):53-56.

卢海元. 被征地农民社会保障工作的基本情况与政策取向[J]. 社会保障研
　　究，2009(1):10-20.

罗伯特·霍尔兹曼，理查德·欣兹. 21世纪的老年收入保障——养老金制度
　　改革国际比较[M]. 北京:中国劳动社会保障出版社，2006.

罗党. 我国农村居民消费需求收入弹性分析及趋势预测[J]. 华北水利水电学
　　院院报，2011(8):81-84.

孟醒. 统筹城乡社会保障——理论，机制，实践[M]. 北京:经济科学出版
　　社，2005.

米红. 中国城镇社会养老保险替代率评估方法与实证研究——兼论不同收入群体替代率的比较[J]. 数量经济技术经济研究，2005(2):12-18.

米红，邱晓蕾. 中国城镇社会养老保险替代率评估方法与实证研究[J]. 数量经济技术经济研究，2005(2):22-30.

米红，项洁雯. 中国新型农村养老保险制度发展的敏感性分析暨有限财政投入仿真研究[J]. 社会保障研究，2008(1):127-144.

米红，项洁雯. "有限财政"下的农保制度及仿真研究[J]. 中国社会保障研究，2008(10):25-27.

穆怀中. 社会保障适度水平研究[J]. 经济研究，1997(2):56-63.

穆怀中. 养老金调整指数研究[M]. 北京:中国劳动社会保障出版社，2008.

穆怀中. 中国养老保险制度改革关键问题研究[M]. 北京:中国劳动社会保障出版社，2006.

穆怀中，柳清瑞，沈毅. 新型农村养老保险的财务负担水平分析[J]. 社会保障研究，2011(4):3-10.

尼古拉斯·巴尔. 养老金改革:谬误、真理与政策选择[J]. 保险与社会保障，2006(1):29-73.

彭浩然，申曙光. 强制性个人账户养老金计发办法改革对替代率影响的实证研究[J]. 当代财经，2007(3):58-60.

乔文俊. 农村土地流转制度下农民社会养老保险替代率探析[D]. 硕士论文，山西师范大学，2012.

邱东等. 养老金替代率水平及其影响的研究[J]. 财经研究，1999(1):30-32.

任雅姗. 我国农村商业养老保险市场研究——基于养老金替代率的精算分析[J]. 保险职业学院学报，2013(8):16-21.

沈毅，杜晓宇. 新农保基础养老金动态调整方式及其选择[J]. 党政干部学刊，2012(6):57-62.

孙博，雍岚. 养老保险替代率警戒线测算模型及实证分析——以陕西省为例[J]. 人口与经济，2008(5):66-70.

唐巴特尔. 罗尔斯的"公平的正义"与福利国家[J]. 求索，2009(4):102-103.

汪东旭. 新型农村社会养老保险合意替代率分析[J]. 经济研究，2011(11):

40-42.

王翠琴. 新型农村社会养老保险替代率的实证研究[J]. 西北人口，2010(5)：
6-11.

王国军. 中国城乡社会保障制度衔接初探[J]. 战略与管理，2002(2)：33-44.

王海东. 基本养老保险替代率下滑若干影响因素分析[J]. 劳动保障世界，
2012(9)：14-19.

王黎明. 建立健全我国农村社会养老保险制度必要性和可行性分析[J]. 农村
社保，2007(6)：19-23.

王清. 有关基本养老金替代率需澄清的几个问题[J]. 天津商学院学报，2000，
20(5)：30-32.

王晓军. 对我国城镇职工基本养老保险制度收入替代率的定量模拟分析[J].
统计研究，2002(3)：27-30.

王晓龙，董登新. 我国农村养老保障制度的构建与展望[J]. 上海农村经济，
2008(2).

王延中. 建立基础整合的社会养老保障制度体系[C]. 第七届中国改革论坛论
文集，2009.

王永康. 试论我国养老金工资替代率的适度水平[J]. 运城学院学报，2004，
22(5)：83-84.

王增文，邓大松. 基金缺口、缴费比率与财政负担能力：基于对社会保障主体
的缴费能力研究[J]. 中国软科学，2009(10)：73-81.

温涛. 我国农村居民消费结构演化研究[J]. 农业技术经济，2012(7)：4-14.

翁钱威. 辽宁省城市居民最低生活保障标准指数化调整研究[D]. 硕士论文，
辽宁大学，2011.

吴鹏森. 现代社会保障制度建设中的三个理论问题[J]. 安徽师范大学学报
(人文社会科学版). 2005，33(1)：28-31.

肖博. 新型农村社会养老保险供给替代率水平研究——以新疆地区为例[J].
地方财政研究，2014(3)：59-63.

肖立. 我国农村居民消费结构与收入关系研究[J]. 农业技术经济，2012(11)：
91-99.

谢勇. 中国农村居民储蓄率的影响因素分析[J]. 中国农村经济，2011(1)：
　　77-87.

徐颖，李晓林. 中国社会养老保险替代率水平研究述评[J]. 求索，2009(9)：
　　5-8.

阎红梅. 我国农村最低生活保障线测定方法研究[D]. 硕士论文，南京农业大
　　学，2007.

阳义南，申曙光. 通货膨胀与工资增长——调整我国基本养老金的新思路与
　　系统方案[J]. 保险研究，2012(8)：95-103.

杨翠迎，米红. 农村社会养老保险：基于有限财政责任理念的制度安排及政
　　策构想[J]. 西北农林科技大学学报(社会科学版)，2007，7(3)：1-7.

杨翠迎，孙珏妍. 推行新农保，瞻前顾后很重要[J]. 中国社会保障，2010
　　(7)：25-27.

杨俊. 中国公共养老保险制度宏观学分析[M]. 北京：中国劳动社会保障出版
　　社，2009.

杨燕绥. 社会保障定型与社会保险完善[J]. 中国社会保障，2008(1)：38-39.

杨郁军，赵友谊. 从世代交叠模型看我国的社会保障和经济增长[J]. 企业经
　　济，2005 (6)：19-20.

杨再贵. 企业职工基本养老保险、养老金替代率和人口增长率[J]. 统计研究，
　　2008，25(5)：38-42.

叶宗裕. 我国城镇居民边际消费倾向的实证研究[J]. 经济经纬，2007(6)：
　　64-66.

袁志刚. 养老保险经济学[M]. 北京：人民出版社，2005.

约翰·罗尔斯. 正义论[M]. 何怀宏，何包钢，廖申白，译. 北京：中国社会科
　　学出版社，1988.

约翰·罗尔斯. 作为公平的正义——正义新论[M]. 姚大志，译. 上海：上海
　　三联书店，2002.

张刚伟，谢和宾. 某医院出院人数的 GM(1,1)灰色预测及 SPSS 程序实现[J].
　　数理医药学杂志，2012，25(6)：714-715.

张光先. 基本养老保险合意替代率研究——基于杭州市的调查分析[J]. 地方

财政研究，2011(3):60-68.

张莉. 论养老保险的替代率[J]. 社会保障，2002(4):21-23.

张士斌，黎源. 欧洲债务危机与中国社会养老保险制度改革——基于公共养老金替代率视角的分析[J]. 浙江社会科学，2010(11):83-90.

张思锋. 社会保障精算理论与应用[M]. 北京:人民出版社，2006.

张新敬，宋世斌. 我国基本养老保险和企业年金的替代率水平研究[J]. 统计观察，2008(3):91-93.

张迎斌. 我国社会基本养老保险的均衡体系与最优替代率研究——基于跨期叠代模型的实证分析[J]. 金融研究，2013(1):79-91.

赵俊康. 我国养老金目标替代率的统计研究[J]. 山西财经大学学报，2004，26(5):30-34.

郑秉文. 建立社保基金投资管理体系的战略思考[J]. 公共管理学报，2004，1(4):4-21.

郑秉文. 金融危机与社会保障[M]. 北京:中国社会科学院社会政法学部社会福利论坛，2009.

郑功成. 社会保障学[M]. 北京:商务印书馆，2004.

郑功成. 社会保障[M]. 北京:高等教育出版社，2007a.

郑功成. 社会保障学[M]. 北京:中国劳动社会保障出版社，2007b.

郑功成. 中国社会保障30年[M]. 北京:人民出版社，2008a.

郑功成. 中国社会保障改革与发展战略——理念、目标与行动方案[M]. 北京:人民出版社，2008b.

郑功成，等. 中国社会保障制度变迁与评估[M]. 北京:中国人民大学出版社，2002.

钟永建. 我国农村居民的平均消费倾向及需求收入弹性分析[J]. 农村经济，2007(1):61-63.

朱国龙. 新型农村社会养老保险替代率问题研究[J]. 农村经济，2012(8):78-81.

邹德新，曹旭杰. 农村养老保险制度的发展与完善[J]. 农业经济，2006(11):38-39.

Adema W, Ladaique M. How Expensive Is the Welfare State? Gross and Net Indicators in the OECD Social Expenditure Database (SOCX). OECD Social, Employment and Migration Working Paper, No. 92, OECD Publishing, Paris, 2009.

Bongaads J. Pensions at a Glance 2015: OECD and G20 Indicators[M]. Paris:OECD Publishing, 2015.

Bongaarts J. Population aging and the rising cost of public pensions[J]. Population & Development Review, 2004, 30(1):1-23.

Chen JL, Islam S, Biswas P. Nonlinear dynamics of hourly ozone concentrations: Nonparametric short term prediction[J]. Atmospheric Environment, 1998, 32(11):1839-1848.

Cremer H, Pestieau P. Reforming our pension system: Is it a demographic, financial or political problem? [J]. European Economic Review, 2000, 44(4-6):974-983.

D'Addio AC. Pensions at a Glance 2013: OECD and G20 Indicators[M]. Paris:OECD Publishing, 2013.

Diamond, PA. National debt in a neoclassical growth model [J]. The American Economics Review, 1965, 55(5):1126-1150.

Diamond PA. Taxation, Incomplete Markets, and Social Security[M]. MA: MIT Press, 2003.

Diamond PA, Mirrlees JA. A model of social insurance with variable retirement[J]. Journal of Public Economics, 1977, 10(3):295-336.

Feldstein M. Social security, induced retirement, and agregate capital accumulation[J]. Jounal of Political Economy, 1974, 82(5):905-926.

Feldstein M. Transition to fully funded pension system: five economic issues [J]. National Bureau of Economic Research, 1997(8):1-26.

Feldstein M. Social Security and Saving: New Time Series Evidence[C]. National Bureau of Economic Research, 1996(3):1-19.

Feldstein M. Social security and saving: The extended life cycle theory[J].

The American Economic Review, 2013(12):77-86.

Feldstein M. Social security, induced retirement, and aggregate capital accumulation[J]. The American Economic Review, 2013(12):905-926.

Feldstein M, Leibman JB. Social security. In: Auerbach A, Feldstein M (eds.), Handbook of Public Economics, vol. 4[C]. North Holland: Elsevier Science Publishers B. V. , 2002.

Feldstein M, Pellechio A. Social security ecurity and household wealth accumulation: New microeconometric evidence [J]. The Review of Economics and Statistics, 1979(8):361-368.

Holzmann R. The welfare effects of public expenditure programs reconsidered[J]. IMF Staff Papers, 1990, 37(2):338-359.

Holzmann R. The world bank approach to pension reform[J]. International Social Security Review, 1999, 53(1):11-34.

Holzmann R, Hinz RP. Old-Age Income Support in the 21st Century: An International Perspective on Pension Systems and Reform [M]. The World Bank, 2005.

Holzmann R, Hinz R, Gersdorff HV, et al. Old Age Income Support in the 21st Century: The World Bank's Perspective on Pension Systems and Reform[M]. The World Bank, 2004.

Holzmann R, Palmer E, Robalino D. Nonfinancial defined contribution pension schemes in a changing pension world: Volume 1. Progress, lessons, and implementation[J]. David Alejandro Robalino, 2012, 13 (3):336-337.

Impavido G, Hu YW, Li XH. Governance and fund management in the Chinese pension system[C]. IMF Working Paper, Monetary and Capital Markets Department, 2009.

Lindbeck A, Persson M. The gains from pension reform [J]. Journal of Economic Dynamics and Control, 2003, 41(1):74-112.

Merton, RC. On the role of social security as a means for efficient risk

sharing in an economy where human capital is not tradeable. In: Bodie
　　Z, Shoven J (eds.), Financial Aspects of the United Stated Pension[C].
　　Chicago: University of Chicago Press, 1983.

Mirrlees JA. An exploration in the theory of optimum income taxation[J]. Review
　　of Economic Studies, 1971, 38:175-208.

Mirrlees JA. Social benefit-cost analysis and the distribution of income[J]. World
　　Development, 1978, 6(2):131-138.

Mirrlees JA. Private risk and public action: The economics of the welfare
　　state[J]. European Economic Review, 1995, 39(3-4):383-397.

OECD. Pensions at a Glance 2011: Retirement-Income Systems in OECD and
　　G20 Countries [M]. OECD Finance & Investment / Insurance &
　　Pensions, 2011.

Pallaresmiralles M, Romero C, Whitehouse E. A Worldwide Overview of
　　Facts and Figures[M]. World Bank Other Operational Studies, 2012.

Pampel FC, Williamson JB. Age, Class, Politics and the Welfare State[M].
　　Cambridge: Cambridge University Press, 1989.

Pearson M, Martin JP. Should we extend the role of private social
　　expenditure? [C]. OECD Social, Employment and Migration Working
　　Papers, 2005.

Reilly A, Whitehouse E. Pensions at a Glance: Asia/Pacific Edition[M].
　　Organisation for Economic Co-operation and Development, 2009.

Roseveare D, Leibfritz W, Fore D, et al. Ageing populations, pension
　　systems and government budgets [J]. OECD Economics Department
　　Working Papers, 1996, 18(12):5399-5414.

Sala-I-Martin XX. A positive theory of social security [J]. Journal of
　　Economic Growth, 1996, 1(2):277-304.

Sargent TJ. Simulating the privation of social security in general
　　equilibrium: Comment. In: Feldstein M (ed.), Privatizing Social
　　Security[C]. Chicago: University of Chicago Press, 1998.

Sheshinski E. A model of social security and retirement decisions[J]. Journal of Public Economics, 1977, 10(3):337-360.

Shiller RJ. Social security and individual accounts as elements of overall risk-sharing[J]. American Economics Review, 2003, 93(2):343-347.

Slavov SN, Shoven JB. Comparing the risks of social security with and without individual accounts[J]. American Economics Review, 2003, 93(2):348-353.

Thompson LH. Older & Wiser - The Economics of Public Pensions[M]. The Urban Institute Press, 1998.

VanDerhei J. A post-crisis assessment of retirement income adequacy for baby boomers and gen xers [J]. EBRI Issue Brief, 2011(354):2-25.

VanDerhei J, Copeland C. The EBRI retirement readiness rating: ™ Retirement income preparation and future prospects[J]. EBRI Issue Brief, 2010(344):2-26.

VanDerhei J. What a sustained low-yield rate environment means for retirement income adequacy: Results from the 2013 EBRI retirement security projection model[J]. EBRI Issue Brief, 2013, 34(6):2-20.

Whitehouse E. Pension Systems in 15 Countries Compared: The Value of Entitlements[J]. MPRA Paper 14751, University Library of Munich, Germany, 2001.

Whitehouse E. Pensions Panorama: Retirement-Income Systems in 53 Countries[M]. The World Bank, 2007.

Whitehouse E. Pensions Panorama[M]. The World Bank, 2011.